Wie man aufhört, zu viel zu denken

Ein praktischer Leitfaden, um Ihren Geist zu befreien

Christelle Chartier

Inhaltsverzeichnis

Vorwort

Verlieren Sie sich manchmal im Strudel Ihrer Gedanken, weil Sie die Pausentaste nicht finden können? Dann sind Sie nicht allein. Heutzutage ist zu viel Denken fast schon zu einem Weltsport geworden, der täglich von Millionen von Menschen ausgeübt wird. Aber was wäre, wenn Sie endlich den Frieden und die geistige Klarheit finden könnten, von denen Sie träumen? Dieses Buch möchte Ihnen genau das bieten.

Willkommen auf einer Reise zu einer neuen Art zu leben, bei der der Geist leichter und das Leben heller wird. Wir alle haben uns schon einmal im Bett hin und her gewälzt, über vergangene Gespräche gegrübelt oder zukünftige Szenarien vorweggenommen. Diese Methode, die Sie gleich kennenlernen werden, ist nicht nur eine Ansammlung von Techniken, sondern eine persönliche Transformation.

Stellen Sie sich einen Moment lang vor: Sie wachen morgens mit einem klaren Geist auf und sind bereit, den Tag ohne die Last der ständigen Sorgen zu bewältigen. Sie genießen jeden Moment mit authentischer Präsenz, in vollem Bewusstsein, frei von mentalen Belastungen. Dieser Traum kann Ihre Realität werden.

Dieses Buch soll Ihr Ratgeber sein, mit einem lockeren, aber ernsthaften Ansatz, voller konkreter Beispiele und praktischer Tipps. Wir haben bewusst einen freundlichen Ton gewählt, damit jede Seite wie ein Gespräch mit einem vertrauenswürdigen Freund ist. Jedes Kapitel ist ein Schritt auf Ihrem Weg zu einem beruhigten Geist.

Wir laden Sie ein, Ihre Sorgen abzulegen, tief durchzuatmen und sich mit uns auf dieses Abenteuer einzulassen. Gemeinsam werden wir einfache, aber mächtige Strategien erforschen, um Ihren Geist zu beruhigen und die innere Ruhe wiederzuentdecken. Ob Sie nun ein neugieriger Neuling sind oder jemand, der verzweifelt nach Lösungen sucht, dieses Buch ist für Sie.

Bereiten Sie sich darauf vor, Ihr Leben zu verändern. Schritt für Schritt, Gedanke für Gedanke, werden Sie lernen, die Kunst zu beherrschen, nicht mehr so viel zu denken.

Viel Spaß beim Lesen und eine gute Reise zu einer wiedergefundenen Gelassenheit.

Mit unserer Freundschaft und Unterstützung.

Einführung

Um die geistige Ermüdung einzudämmen, ist es von entscheidender Bedeutung, sie zu verstehen und zu wissen, wie sie sich auf den Einzelnen auswirkt. Die Notwendigkeit, Lösungen für den Umgang mit dieser Müdigkeit zu finden, ergibt sich aus ihrer Fähigkeit, chronisch zu werden und zu Erkrankungen wie Depressionen oder Burnout zu führen. Diese Zustände können wiederum zu Schlafstörungen führen.

Burnout beeinträchtigt die kognitiven Fähigkeiten einer Person und äußert sich durch mangelnde Konzentration (Schwierigkeiten, mehrere Aufgaben zu erledigen und kluge Entscheidungen zu treffen) sowie durch häufig beobachtete kleinere Fehler. Mit anderen Worten: Burnout führt nicht nur zu Müdigkeit, sondern kann Ihr Gehirn völlig verwirren.

Durch emotionale Symptome: Sie erleben Gefühle der Erschöpfung, die zu einem Zustand der Hilflosigkeit führen, der sich in Ängsten oder Anspannung äußert. Es kann sich um eine melancholische Stimmung, Gleichgültigkeit, mangelndes Interesse oder sogar Verzweiflung handeln, die Sie reizbar, angespannt, überemotional oder gleichgültig gegenüber Ereignissen macht.

Überforderung zeigt sich nicht nur in körperlichen Anzeichen, sie äußert sich auch in geistiger Erschöpfung, die zu Konzentrationsschwierigkeiten, insbesondere Gedächtnisverlust (wie das Vergessen von Besprechungen oder Namen) und kognitiven Defiziten führt. "Sie können ein Gefühl der Leere verspüren, Schwierigkeiten haben, nachzudenken, zu lesen oder ein Gespräch zu teilen".

Zu Beginn verrät sich die Überforderung oft durch körperliche Signale, die leicht übersehen werden können; dann folgt ein Erschöpfungszustand, dessen Symptome Schlaflosigkeit und ein ständiges Unwohlsein umfassen. In den schlimmsten Fällen führt sie zu einem starken Rückgang der Moral". Die Überforderung eines Menschen äußert sich durch Schmerzen im Rücken, in den Gelenken und in den Muskeln. Überlastung kann sich auch auf das Verdauungssystem auswirken: Magengeschwüre könnten sich entwickeln, ebenso wie unerklärlicher Gewichtsverlust oder -zunahme oder Hautprobleme wie Akne. Leichte Infektionen wie Erkältungen, Mittelohrentzündungen oder Nasennebenhöhlenentzündungen sind wahrscheinlicher bei Personen, die bereits überarbeitet sind, da eine andauernde

Stresssituation die täglichen Abläufe beeinträchtigt, was zu Reizbarkeit in Verbindung mit Schwierigkeiten bei der Organisation von Aufgaben oder der Konzentration führt.

Dr. Servant betont, dass Müdigkeit ein Warnsignal sein sollte, wenn sie zu einem ständigen Begleiter wird oder wenn die körperlichen und geistigen Anzeichen fast permanent zu sein scheinen. In diesem Fall müssen wir uns an unseren Lebensrhythmus anpassen, Stressfaktoren erkennen und die Reaktion unseres Körpers beobachten. Es kann hilfreich sein, ärztliche Hilfe in Anspruch zu nehmen, um Infektionen oder Entzündungen auszuschließen. Instrumente wie die Piper Fatigue Scale oder Pichot werden von Ärzten häufig in der Therapie eingesetzt. Sie helfen dabei, das Ausmaß von Stress und Angst zu bestimmen.

Was führt zu kognitiver Erschöpfung? Ist es eine erdrückende Arbeitsbelastung, eine schwierige Phase in Ihrem Privatleben oder das Jonglieren mit mehreren Projekten, die Ihre geistigen Ressourcen erschöpfen? Erhalten Sie am Arbeitsplatz nicht die Anerkennung, die Sie verdienen, oder haben Sie mit familiären Problemen zu kämpfen?

Die Hauptursache für Burnout ist chronischer Stress am Arbeitsplatz. Allerdings scheint der Burnout auf eine Vielzahl von Problemen zurückzuführen zu sein, die über die Arbeit hinausgehen. In der Regel manifestiert sich Burnout in einem scheinbaren Kompetenzverlust, der mit einer verminderten exekutiven Funktionsfähigkeit einhergeht.

Autistisches Burnout entwickelt sich nicht aufgrund eines einzelnen Faktors, sondern ist das Ergebnis des Zusammenspiels verschiedener Faktoren. Eine Reihe von Techniken kann zur Bewältigung der geistigen Erschöpfung eingesetzt werden: Einige Strategien können dabei helfen, die geistige Erschöpfung zu bewältigen und die Energie und Motivation für die täglichen Herausforderungen wiederzuerlangen. Bewerten Sie zunächst Ihren Müdigkeitsgrad mithilfe der Pichot-Müdigkeitsskala.

Emotionale Erschöpfung kann in der Regel vermieden werden, indem man sich ständig um sich selbst kümmert oder professionelle Hilfe sucht. Vermeiden Sie es, sich selbst zu überfordern und behandeln Sie Ihren Körper mit Freundlichkeit; arbeiten Sie daran, Ihre Kommunikationsfähigkeiten zu verbessern und entwickeln Sie Selbstliebe, um Ihren eigenen Bedürfnissen Vorrang vor denen anderer zu geben.

Stressbewältigung ist eine Fähigkeit an sich, eine Kunst, die Burnout vorbeugen soll. Die Hektik und der Fluss des täglichen Stresses können wiederum durch das Praktizieren von Entspannungs- und Tiefenatmungstechniken wirksam bewältigt werden. Regelmäßige körperliche Aktivität hat einen doppelten Vorteil: Sie wirkt als Mittel gegen Stress und trägt wesentlich zur Verbesserung des allgemeinen Wohlbefindens bei.

Die Anzeichen von Erschöpfung können mit Alarmglocken verglichen werden und erscheinen meist als Erschöpfung unserer Energiereserven. Wir fühlen uns selbst nach dem, was wir für einen guten Schlaf halten, erschöpft und lassen uns ausgelaugt zurück. Es ist, als würden wir auf Dämpfen laufen, wobei kein Ruhepegel auszureichen scheint, um unsere Wachsamkeit aufrechtzuerhalten. Zeichen sind Indikatoren: Seien Sie immer aufmerksam, wenn sie sich zeigen.

Sie können über verschiedene Symptome geistiger Erschöpfung informiert werden, darunter Appetit- und Schlafprobleme sowie Konzentrationsschwäche, erhöhte emotionale Reaktionsfähigkeit und ein Gefühl von Unproduktivität oder Gleichgültigkeit.

Eine der körperlichen Folgen dieser Überlastung ist eine Veränderung des Appetits oder der Schlafgewohnheiten. Das

Auftreten regelmäßiger Müdigkeit während der Arbeit, begleitet von schlechter Schlafqualität und starken Körpersignalen (Kopf- und Magenschmerzen), ist bei Arbeitnehmern, die mit Burnout konfrontiert sind, häufig zu beobachten. Dazu müssen Sie ein Gleichgewicht zwischen gesundheitsfördernden Aktivitäten der Körperpflege und Verpflichtungen, die zu Stress beitragen, finden.

Ihre geistige Gesundheit ist genauso wichtig wie Ihr körperliches Wohlbefinden, da beide eng miteinander verbunden sind. Emotionale Erschöpfung führt zu starker psychischer Erschöpfung; berufliche Überforderung oder Abhängigkeit in Beziehungen können Ihre kognitiven Ressourcen erschöpfen und Ihren Geist leer zurücklassen. Um diesen Schaden zu beheben und sich neu auszurichten, müssen Sie sich um Ihren Geist kümmern: Ihn wiederherzustellen wird Ihnen Ihre Denkfähigkeit zurückbringen, Ihre Motivation anregen und Ihre Kreativität verbessern! Schalten Sie von diesen Stressquellen ab, während Sie sich mit kreativen Aktivitäten wie Malen, Zeichnen, Gartenarbeit oder Sticken beschäftigen. Die Kunsttherapie ist ein effektiver Kanal, über den Sie negative Emotionen durch eine stressreduzierende Aktivität, die die Entspannung fördert, loswerden können. Denken Sie daran, dass eine therapeutische Begleitung Ihre Resilienz stärken kann. Die Pflege der Psyche ist gleichbedeutend mit der Pflege des Geistes und des Körpers. Sophrologie und Hypnose sind Hilfen bei der Bekämpfung von Burn-out. Ebenso wichtig sind die Gestalttherapie, bei der die Interaktion mit der Umwelt im Vordergrund steht, und die interpersonelle Therapie, die den Schwerpunkt auf Beziehungen legt. Füttern Sie Ihren Geist mit Aktivitäten, die die Entspannung fördern, und nehmen Sie die Hilfe von Fachleuten in Anspruch.

Der Zustand der geistigen Erschöpfung bezeichnet die Tatsache, dass Ihr müder Geist die Zusammenarbeit verweigert, sodass Sie sich nicht mehr auf Ihre täglichen Aufgaben konzentrieren können, ohne sich entmutigt zu fühlen. Diese überwältigende kognitive Belastung kann Ihre organisatorischen Fähigkeiten lähmen, die Erledigung von Aufgaben verhindern (oder sogar den Erfolg der Mission behindern) und sogar zu Gedächtnisproblemen führen: Sie können z. B. vergessen, was vor wenigen Augenblicken passiert ist.

Obwohl sie als getrennte Bereiche wahrgenommen werden, arbeiten die psychische und die physische Gesundheit auf intrinsische Weise zusammen. Unser psychisches Wohlbefinden hat die Fähigkeit, auf unser körperliches Wohlbefinden überzugreifen; umgekehrt kann sich der Zustand unserer körperlichen Gesundheit auf unsere Psyche auswirken. Wenn wir uns gestresst oder ängstlich fühlen, äußert sich das in greifbaren Symptomen wie beunruhigend lang anhaltenden Kopfschmerzen, schwer drückender Müdigkeit oder sich in den Muskeln verkrampfenden Spannungsknoten. Umgekehrt verdunkeln die Leiden, die unser Körper heimlich oder offen durch chronische Schmerzen oder Krankheiten nährt, unseren geistigen Horizont mit Entmutigung: eine Traurigkeit, die durch das Gewicht des körperlichen Leidens noch verschlimmert wird. Die beiden Sphären teilen sich also eine innige Verbindung.

Betrachten Sie die Auswirkungen mentaler Überanstrengung auf das emotionale Wohlbefinden. Um zu verhindern, dass die durch Faktoren außerhalb unserer selbst induzierte Erschöpfung unser emotionales Wohlbefinden erreicht und erschöpft, müssen wir undurchlässige Linien entwickeln. Das, was wir brauchen, mit anderen zu teilen, hilft ihnen zu verstehen, wie sie uns unterstützen können, und ermöglicht so ein gesundes und nachhaltiges System.

Unsere kognitiven Funktionen werden durch unharmonische Gefühle und einen überlasteten Geist behindert, was es uns erschwert, uns zu konzentrieren, unsere Gedanken zu ordnen und unsere Erinnerungen zu erforschen, um Informationen

14

abzurufen. Wenn wir emotionale Erschöpfung erleben, wird unsere Gedächtnisleistung behindert und nimmt ab.

Wir stecken in einem Zustand ständiger Angst fest, wenn die emotionale Erschöpfung überhand nimmt. Dieses Gefühl kann sich leicht zu dem entwickeln, was als tiefe Entmutigung beschrieben werden kann, ein Gefühl der Hoffnungslosigkeit, bei dem alle Bemühungen vergeblich erscheinen. Aus der Sicht eines Betrachters könnte dies als unmotiviert und nachlässig wahrgenommen werden, was die Situation noch verschlimmert. Aus der Sicht des Beobachters mag dieser Zustand gleichgültig erscheinen - ein gewisses Desinteresse und Losgelöstsein von Anliegen oder Leidenschaften, die normalerweise Interesse oder Besorgnis hervorrufen würden. In Wirklichkeit ist Gleichgültigkeit eher das Ergebnis überwältigender Emotionen als ein Mangel an Emotionen.

Strategien gegen mentale Erschöpfung :

Diese Arbeit erfordert Gründlichkeit und eine Änderung der Gewohnheiten. In der Anfangsphase geht es darum, Ihren Erschöpfungsgrad zu erkennen; viele neigen dazu, ihn zu leugnen und betrachten diese geistige und emotionale Erschöpfung als Schwäche. Sport, Entspannungstechniken, Selbsthypnose,

15

Sophrologie oder auch eine gesunde Ernährung sind alles Mittel, die gegen Müdigkeit helfen können. Darüber hinaus kann Ihnen auch die Einnahme von Nahrungsergänzungsmitteln wie Lavilab Nahrungsergänzungsmitteln dabei helfen, wieder vitaler zu werden. Denken Sie daran: Geistige Müdigkeit zu überwinden ist möglich, aber nicht ohne bewusste Anstrengungen und Änderungen in Ihrem Lebensstil.

Eine der ersten Strategien gegen geistige Erschöpfung ist es, jede Nacht für eine angemessene Menge Schlaf zu sorgen und einen festen Schlafplan einzuhalten, um körperlich und geistig gesund zu bleiben. Praktizieren Sie gleichzeitig Stressbewältigungstechniken wie Meditation, tiefes Atmen oder Yoga, um die geistige Anspannung zu reduzieren.

Wie können wir uns vor kognitiver Erschöpfung schützen, wenn unser Leben ein Strudel von Aktivitäten ist und unsere Arbeit uns kaum Zeit zum Entspannen lässt? Der erste Schritt besteht darin, uns von unserer eigenen Funktionsweise zu entfernen; diese Fähigkeit ist die Metakognition, die eine Reflexion über unsere eigenen mentalen Prozesse beinhaltet. Den ganzen Tag über ist es wichtig, sich zu erinnern: "Ich bin nicht mehr auf meinem besten Niveau. Ich muss jetzt eine Pause machen". Das eigene Tempo zu beherrschen, die Pausen anzupassen - das ist es, was

Ihnen die Kontrolle über Ihre Leistungsfähigkeit zurückgibt, und es sollte Ihre oberste Priorität sein.

Erkennen Sie, dass Selbstfürsorge individuell ist; es handelt sich nicht um einen universellen Ansatz. Es ist wichtig, mit verschiedenen Techniken der Selbstfürsorge zu experimentieren und herauszufinden, was Sie interessiert. Wenn wir die Selbstfürsorge in unser tägliches Leben integrieren, nähren wir unsere geistige Gesundheit und fördern ein Gefühl der Fülle. Denken Sie daran: Grenzen zu setzen ist genauso wichtig wie Selbstfürsorge. Grenzen zu setzen bei dem, was Sie für andere tun können, fördert auch Ihr eigenes Wohlbefinden und hilft, Ihr Selbstwertgefühl zu erhalten.

Sich um sich selbst zu kümmern ist kein Luxus, sondern eine Notwendigkeit für Eltern. Wenn Sie der Körperpflege Vorrang einräumen und die Einsamkeit suchen, bleiben Sie inmitten des Elternwahnsinns bei Verstand. Nehmen Sie sich also diese verdiente Auszeit, kümmern Sie sich um sich selbst und denken Sie daran, dass es auch darauf hinausläuft, sich um Ihre Kleinkinder und deren Knöchelbisse zu kümmern.

Grenzen zu setzen wird zu einer Notwendigkeit, um das Burnout-Risiko zu beseitigen, und es kann nicht schaden, andere darüber zu informieren, was wir für uns selbst brauchen, sei es in einem Arbeitsumfeld oder in persönlichen Beziehungen. Es ist in Ordnung, ein Angebot von jemandem, der um Hilfe beim Umzug bittet, oder eine Einladung zu einem gesellschaftlichen Ereignis abzulehnen, wenn Sie wissen, dass Sie eine Pause brauchen; das ist völlig in Ihrem Recht.

Kapitel 1

Die Folgen des Exzessiven Denkens

Die Erforschung der Idee des übermäßigen Nachdenkens im Zusammenhang mit der psychischen Gesundheit und dem allgemeinen Wohlbefinden setzt voraus, dass man versteht, was übermäßiges Nachdenken ist und wie beliebt es ist.

Übermäßiges Nachdenken kann von verschiedenen Elementen beeinflusst werden. Bei manchen Menschen kann es zu Überanalysen kommen, während andere mit Perfektionismus zu kämpfen haben. Darüber hinaus können auch historische Traumata oder Erlebnisse in der Vergangenheit, die zu Angst und zusätzlichen Gedanken führen, eine Neigung zu übermäßigem Nachdenken begünstigen. Wenn Sie erfahren, warum Sie dazu neigen, zu viel nachzudenken, können Sie bessere Wege finden, damit umzugehen.

Katastrophisierung ist ein irrationales Denken, das viele von uns haben, wenn sie glauben, dass etwas viel schlimmer ist, als es in Wirklichkeit ist. Sie entsteht, wenn wir ständig an den schlimmsten Fall denken und uns einreden, dass er eintreten wird und wir nicht in der Lage sind, damit umzugehen. Wenn wir diese übertriebenen Gedanken in Frage stellen und Situationen rationaler betrachten, können wir die negativen Auswirkungen des Katastrophismus auf unsere Gefühle verringern.

Obwohl sowohl Grübeln als auch Reflektieren das Nachdenken über vergangene Erfahrungen beinhalten, unterscheiden sie sich in vielerlei Hinsicht erheblich. Das Grübeln stellt sich als passiver und negativer Prozess dar; es konzentriert sich auf die Probleme und Fehler von früher. Dies kann Gefühle wie Reue, Schuld oder Melancholie hervorrufen - Emotionen, die uns in eine Spirale ziehen, die zu einer schlechten psychischen Gesundheit führt.

In anderen Fällen kann übermäßiges Nachdenken auf ein unentdecktes psychisches Problem hindeuten, z. B. Angstzustände und Depressionen. Wenn Ihr Alltag von diesem Problem beeinflusst wird, sollten Sie unbedingt professionelle Hilfe in Anspruch nehmen. Sie werden Ihnen die Unterstützung und Beratung bieten, die Sie benötigen, sowie die verfügbaren Optionen, um mit dieser Krankheit umzugehen.

Übermäßiges Denken kann manchmal zu tiefer liegenden Problemen wie Angstzuständen oder Depressionen führen. Überlegen Sie, ob Sie sich Hilfe holen sollten, wenn die Zähmung Ihres übermäßigen Denkens für Sie eine zu große Aufgabe ist. Ein Therapeut oder Berater könnte mit Ihnen zusammenarbeiten, um einen Behandlungsansatz zu entwickeln, der auf Ihre Bedürfnisse und Probleme zugeschnitten ist. Nicht alle Fälle von übermäßigem Denken sind einfach nur autonome Gewohnheiten.

Die Auswirkungen übermäßigen Nachdenkens können enorm sein und sich negativ auf Ihre geistige und körperliche

Gesundheit auswirken. Dazu gehört, dass Sie sich fühlen: ängstlich, gestresst, überfordert. Auch Schlaflosigkeit kann die Folge sein, was diese Empfindungen nur noch verschlimmern würde. Außerdem wird es bei übermäßigem Grübeln schwierig, kluge Entscheidungen zu treffen, da jede Wahl einer genauen Prüfung unterzogen wird, was schließlich zu Unentschlossenheit führt, die mit einem Mangel an Selbstwertgefühl verbunden ist.

Die Auswirkungen übermäßigen Nachdenkens auf das emotionale Wohlbefinden. Wenn wir uns um einen unverzerrten Geisteszustand bemühen, ebnen wir den Weg für ein gesteigertes emotionales Wohlbefinden, das Ruhe und Frieden in uns selbst bringt. Dadurch können wir den Wechselfällen des Lebens mit Ausgeglichenheit und einer starken emotionalen Widerstandsfähigkeit begegnen.

Emotionale Belastung kann zur Erschöpfung der emotionalen Ressourcen und zu einer verminderten Effektivität bei der Bewältigung von Stressfaktoren führen. Eine Person, die in einer Patchwork-Familie lebt, kann beispielsweise einen erhöhten emotionalen Konflikt erleben, da sie sich an die Bedürfnisse und die Dynamik der verschiedenen Familienmitglieder anpassen muss.

Wie wir denken, hat einen großen Einfluss auf unsere Gefühlslage. Verzerrte Gedanken können unter anderem zu Gefühlen wie Angst, Wut oder Traurigkeit führen. Mithilfe von Praktiken zur Reinigung des Geistes sind wir in der Lage, diese verzerrten Gedanken zu identifizieren und sie zu hinterfragen; sie werden durch rationale positive Alternativen ersetzt.

Ein Zustand, der von übermäßigem Nachdenken überschwemmt wird, kann das Urteilsvermögen und die Fähigkeit, fundierte Entscheidungen zu treffen, beeinträchtigen und auch die Kreativität in Problemlösungssituationen beeinträchtigen.

Auch eine reichliche kognitive Aktivität kann ein Hindernis für die Aufrechterhaltung der Konzentration und die Entscheidungsfindung darstellen. In Situationen, in denen die Befürchtungen unaufhörlich sind und das Grübeln unerbittlich ist, wird die Diversifizierung mühsam. Diese Unfähigkeit beeinträchtigt die Erfüllung von Aufgaben, die Einhaltung von Fristen und die Entschlossenheit, kritische Entscheidungen zu treffen.

Die Überwindung der Geißel des übermäßigen Denkens erfordert im Wesentlichen Geduld, Ausdauer und Offenheit für experimentelle Strategien. Aber erst wenn man die schädlichen Auswirkungen des übermäßigen Denkens erkannt und ihre Ursachen entschlüsselt hat, kann man geschickt praktische Maßnahmen zu ihrer Bekämpfung ergreifen. Eine solche Beherrschung verspricht nicht nur einen gesunden geistigen und körperlichen Zustand, sondern auch ein zufriedeneres Leben. Es ist wichtig, sich darüber im Klaren zu sein, was übermäßiges Nachdenken verursacht, damit Sie andere gute Gewohnheiten einüben können, die Ihnen helfen, körperlich und emotional gesund zu bleiben.

Strategien zum Umgang mit und zur Verringerung von übermäßigem Nachdenken, um die psychische Gesundheit zu verbessern. Reflexion ist ein aktiver und konstruktiver Prozess, bei dem vergangene Erfahrungen mit dem Ziel untersucht werden, zu lernen und zu wachsen. Reflexion kann bei der

Lösung von Problemen helfen, die Entscheidungsfähigkeit verbessern und das Selbstverständnis erhöhen.

Übermäßiges Denken kann mit unzähligen verschiedenen und effektiven Taktiken bekämpft werden. Eine davon ist, es mit Achtsamkeit zu versuchen; hier konzentrieren Sie sich auf das, was gerade passiert, und kritisieren Ihre Gedanken nicht. Eine weitere Strategie besteht darin, Ihre negativen Gedanken und Überzeugungen zu bekämpfen, sie durch positive Gedanken zu ersetzen und dafür zu sorgen, dass diese auch realistisch sind. Außerdem kann es Ihnen sehr dabei helfen, sich zu entspannen, wenn Sie sich mit Aktivitäten beschäftigen, die Ihre Gedanken ablenken. Denken Sie an Sport, Meditation oder einen anderen kreativen Zeitvertreib unter der Sonne.

Übermäßiges Nachdenken kann einen ausgeprägten Effekt auf die psychische Stabilität und die Lebensqualität einer Person haben. Aber was können Sie tun, wenn Sie in diesem Kreislauf stecken bleiben? Es gibt einige Strategien, die funktionieren können, wie z. B. Achtsamkeitsmeditation oder kognitive Verhaltenstherapie. Gut auf sich selbst achten; sei es durch Sport oder eine gesunde Ernährung ist notwendig. Wenn Sie sich bewusst bemühen, Ihren Geist zu beruhigen und unnötige Sorgen und Ängste zu zerstreuen, werden Sie Ihr geistiges Wohlbefinden verbessern und eine reichere Lebenserfahrung genießen.

Achtsamkeit kann ein wirksamer Ansatz sein, um mit übermäßigem Denken umzugehen: Sie bedeutet, im Hier und Jetzt, im Augenblick zu sein und sich nicht in Befürchtungen darüber zu verlieren, was in der Zukunft passieren könnte. Diese

Übung ist auch eine Möglichkeit, mit übermäßigem Denken umzugehen, da sie dazu beiträgt, Stress und Angstpegel zu reduzieren. Eine weitere Strategie ist die kognitive Verhaltenstherapie (KVT): Sie hilft den Menschen, negative Denkmuster zu erkennen, damit sie sie abrupt stoppen und durch positive Denkmuster ersetzen können.

Der erste Schritt zur Überwindung negativer Denkmuster ist die Fähigkeit, sie zu erkennen, wenn sie auftreten. Negative Gedanken sind heimtückisch; sie schleichen sich in unseren Geist, ohne dass wir uns dessen bewusst sind. Wir müssen auf Gedanken achten, die uns deprimieren und negative Gefühle in uns hervorrufen. Wenn wir diese Gedanken aufspüren, können wir damit beginnen, sie zu hinterfragen, um sie zu ändern.

Um eine positive Geisteshaltung zu entwickeln, ist das Erkennen und Bearbeiten negativer kognitiver Muster ein wichtiger Bestandteil. Verschiedene Quellen können dazu führen, dass negative Gedanken im Kopf entstehen: frühere Erlebnisse, Traumata, Angst, Furcht oder ein geringes Selbstwertgefühl. Die Gedanken können in unserem Geist Wurzeln schlagen und uns negative Emotionen wie Trauer, Wut oder Frustration spüren lassen, aber man kann mit ihnen umgehen, indem man die Positivität in uns fördert.

Die Auswirkungen verdrehter Gedanken auf unsere geistige Gesundheit sind nicht zu unterschätzen: Sie verstricken uns in negative Gedankenkreisläufe, die unsere Sicht auf das wahre Licht der Objektivität und Rationalität versperren. Dies kann überwältigende Sorgen und Misstrauen sowie ein tiefes Gefühl der Wertlosigkeit erzeugen und zu einem universellen Elend im Leben führen.

Folgen exzessiven Denkens	Beschreibung
Akuter Stress	Zu viele Gedanken erhöhen das Stress- und Angstniveau.
Schlaflosigkeit	Schwierigkeiten beim Einschlafen oder Durchschlafen aufgrund von Grübeln.
Geistige Müdigkeit	Gefühl ständiger Müdigkeit aufgrund kognitiver Überlastung.
Verzögerte Entscheidungen	Unfähigkeit, Entscheidungen schnell oder effizient zu treffen.
Reduzierte Produktivität	Verminderte Konzentration und Effizienz am Arbeitsplatz.
Gesundheitliche Probleme	Erhöhtes Risiko für Gesundheitsprobleme wie Bluthochdruck und Herzerkrankungen.
Angespannte Beziehungen	Schwierigkeiten in persönlichen und beruflichen Beziehungen aufgrund von Reizbarkeit oder emotionaler Abwesenheit.
Vermindertes Selbstwertgefühl	Ständiges Gefühl des Selbstzweifels und der Abwertung.
Verlorene Chancen	Zögern und Versagensängste, die dazu führen, dass wichtige Chancen verpasst werden.
Verminderte Lebenszufriedenheit	Weniger Freude und Zufriedenheit bei den täglichen Aktivitäten.

Kapitel 2

Eigene Auslöser identifizieren

Finden Sie heraus, was übermäßiges Nachdenken verursacht.

Sensibilisierung ist entscheidend: Durch Beispiele und die Erforschung dieser kognitiven Verzerrungen können Menschen die Auswirkungen ihrer Gedanken und Gefühle besser verstehen. Dieses Verständnis kann sie in die Lage versetzen, den Rahmen dieser Verzerrungen zu hinterfragen und zu verändern, was in der Regel zu ausgewogeneren und realistischeren Denkmustern führt.

Innere Auslöser beziehen sich auf Gedanken oder Erinnerungen, die in einem selbst auftreten und zu Obsessionen und Zwängen führen. Eine zwanghafte Erinnerung kann z. B. aufdringliche Gedanken auslösen, die sich auf frühere traumatische Ereignisse beziehen. Hier sind einige Beispiele für innere Auslöser.

Denken Sie an das Undenkbare: Fordern Sie Ihren Geist heraus. Trigger rufen häufig aufdringliche Gedanken hervor, die irrational, übertrieben oder unrealistisch sind. Denken Sie daran, dass Sie glauben, dass eine so einfache Handlung wie das Berühren einer Türklinke Sie krank machen könnte, oder dass Sie einen gewalttätigen Charakter haben, der Sie als "böse" bezeichnet. Solche Gedanken sind wie Öl ins Feuer Ihrer Angst, denn sie führen in der Regel zu Zwängen. Sie können sich jedoch mit kognitiven Ansätzen wehren: Stellen Sie sich Fragen (und beantworten Sie sie), suchen Sie nach Beweisen für diese seltsamen Gedanken oder wenden Sie einen gewissen Sinn für Logik an. Beispiel: Überlegen Sie, wie wahrscheinlich es ist, dass Sie krank werden, nur weil Sie eine Türklinke berühren; überlegen Sie, was solche Gedanken über Ihr Wesen als Individuum definieren. Schließlich geht es darum, diese verrückten Ideen, die sich bei Auslösern in Ihrem Kopf festsetzen, zu hinterfragen und zu lernen, die Angst zu kontrollieren, ohne unbegründeten Zwängen nachzugeben.

Finden Sie heraus, was übermäßiges Denken verursacht. Es gibt viele verschiedene Faktoren, die zu übermäßigem Nachdenken beitragen können. Manche Menschen neigen vielleicht dazu, Situationen überzuanalysieren, während andere mit Perfektionismus zu kämpfen haben. Traumata oder frühere

Erfahrungen können zu einem erhöhten Angstniveau führen, was die Wahrscheinlichkeit erhöht, dass man zu viel nachdenkt. Zu wissen, warum Sie dazu neigen, zu viel nachzudenken, kann dazu führen, dass Sie angemessenere Wege entwickeln, um mit diesem Problem umzugehen.

Es gibt viele Gründe, die dazu führen, dass man zu viel nachdenkt. Unter diesen ist Angst die Hauptursache. Ängstliche Menschen neigen dazu, sich übermäßig um ihre Zukunft zu sorgen - eine Veranlagung, die dazu führen kann, dass sie zu viel nachdenken. In ähnlicher Weise führen Depressionen zu übermäßigem Nachdenken: Die Menschen sind in negativen Gedanken und Gefühlen gefangen und haben möglicherweise Schwierigkeiten, sich aus diesem mentalen Sumpf zu befreien. Ein weiterer Faktor, der zu exzessivem Denken beiträgt, ist Perfektionismus, bei dem die Menschen gezwungen sind, alles bis ins kleinste Detail zu prüfen, auf der Suche nach Perfektion. Auch Traumata können zu exzessivem Denken führen, da die Betroffenen in den Grenzen ihres Verstandes ständig vergangene Ereignisse Revue passieren lassen.

Übermäßiges Nachdenken kann manchmal ein Symptom für bestimmte psychische Gesundheitsstörungen sein, z. B. Angstzustände oder Depressionen. Wenn übermäßiges Denken

Teil Ihrer täglichen Aktivitäten ist und Sie deswegen Schwierigkeiten haben, Ihren Tag zu bewältigen, sollten Sie die Hilfe einer qualifizierten psychologischen Fachkraft in Anspruch nehmen. Diese Person wird Ihnen Unterstützung, Beratung und mögliche Behandlungsoptionen anbieten, die Ihnen helfen, das übermäßige Denken effektiv zu bewältigen.

Die Überwindung des übermäßigen Denkens umfasst viele wirksame Strategien. Achtsamkeit ist ein Weg: Das bedeutet, präsent zu sein und die Gedanken nicht zu bewerten, sondern sie zu akzeptieren. Sie können auch negative Überzeugungen zugunsten positiver Überzeugungen, die auch realistisch sind, aufgeben. Sich mit Aktivitäten zu beschäftigen, die Sie ablenken und entspannen, kann ebenfalls hilfreich sein. Dazu gehören körperliche Übungen (wie Sport oder Yoga), Meditation oder kreative Hobbys, die die Versenkung fördern.

Mit übermäßigem Nachdenken umzugehen, kann ein schwieriges Problem sein, das jedoch überwunden werden kann, wenn die richtigen Strategien und Unterstützung zur Verfügung stehen. Zu wissen, was diese Krankheit und ihre Symptome auslöst, ist entscheidend, um sie wirksam bewältigen zu können. Suchen Sie die Hilfe von Fachleuten für psychische Gesundheit, wenn Sie das Gefühl haben, dass übermäßiges Nachdenken Ihre täglichen

Aktivitäten beeinträchtigt. Wenn Sie bewusst Maßnahmen gegen übermäßiges Denken ergreifen, arbeiten Sie letztlich an Ihrer psychischen Fitness, was sich positiv auf Ihren allgemeinen Gesundheitszustand auswirkt.

Um den Dämon des übermäßigen Denkens zu besiegen, braucht man Geduld, Beharrlichkeit und die Bereitschaft, neue Taktiken auszuprobieren. Wenn Sie die schädlichen Auswirkungen übermäßigen Denkens erkennen, die zugrunde liegenden Ursachen entwirren und praktische Ansätze zur Bewältigung des Problems anwenden, haben Sie die Chance, Ihre geistige Schärfe sowie Ihr körperliches Wohlbefinden zu retten und sich auf einen nützlicheren Lebensweg zu begeben.

Auf Achtsamkeit basierende Techniken, die dabei helfen können, einen übermäßigen Gedankenfluss abzuschwächen: Handeln und nicht denken.

Achtsamkeit ist eine wirksame Strategie, um dem übermäßigen Nachdenken ein Ende zu setzen. Dazu gehört, im gegenwärtigen Moment zu leben und Ihre Gedanken und Gefühle ohne Kritik anzuerkennen, sondern sie vielmehr zu akzeptieren. Achtsamkeit ermöglicht es Ihnen, sich Ihrer Denkprozesse bewusst zu werden und schädliche Muster zu erkennen, die zu einer Überanalyse führen.

Um zu erreichen, dass wir kognitive Verzerrungen loswerden, müssen wir ständig Achtsamkeit und Meditation praktizieren. Auf diese Weise können wir uns von unseren eigenen Gedanken entfernen und eine ausgeglichenere und wohlwollendere Perspektive auf uns selbst gewinnen.

Die Achtsamkeitsmeditation ist eine mächtige Waffe gegen übermäßiges Denken und damit eine wirksame Strategie für das allgemeine Wohlbefinden. Wenn Sie sich regelmäßig mit Achtsamkeit beschäftigen, gelingt es Ihnen, ein größeres Bewusstsein für Ihre Denkprozesse und Gefühle zu erlangen, sodass Sie effektiver reagieren können. Probieren Sie es aus und beobachten Sie, welche positiven Auswirkungen es auf Ihr Leben haben kann!

Techniken der kognitiven Verhaltenstherapie (KVT) zur Kontrolle von übermäßigen Gedanken.

Die Integration dieser Strategien ermöglicht es dem Einzelnen, effektiv mit unerwünschten Gedanken umzugehen, was wiederum die Angst reduziert. Es ist wesentlich, sich vor Augen zu halten, dass die kognitive Verhaltenstherapie die Fähigkeit hat, Angst durch einen doppelten Ansatz zu behandeln, bei dem sie sich sowohl um die Gedanken als auch um die Verhaltensweisen kümmert.

Es gibt mehrere Techniken der KVT, die als hilfreich angesehen werden könnten, darunter Gedankenkontrolle, kognitives Reframing und die Aktivierung des oben genannten Verhaltens. Bei der Gedankenkontrolle geht es darum, negative oder verzerrte Gedanken zu überwachen und sich ihrer bewusst zu werden. Beim kognitiven Reframing stellt der Einzelne diese Gedanken in Frage und ersetzt sie durch rationalere oder ausgeglichenere Alternativen. Auf der anderen Seite beinhaltet die Verhaltensaktivierung die Teilnahme an Aktivitäten, die das psychische Wohlbefinden und positive Denkmuster fördern.

Die kognitive Verhaltenstherapie ist ein therapeutischer Ansatz, der die Beziehung zwischen Gedanken, Gefühlen und Handlungen aufzeigt. Mit ihr können Menschen negative Denkmuster, die ihren Stress erzeugen, erkennen und sie durch konstruktive Denkmuster ersetzen. Darüber hinaus können Menschen mithilfe der CBT Fähigkeiten erwerben, um im Alltag mit Stress umzugehen.

Im Bereich des Aufbaus des Muskelgedächtnisses hat die Vermeidung negativer Gewohnheiten das gleiche Gewicht wie die Förderung positiver Gewohnheiten. Das menschliche Gehirn funktioniert auf eine Weise, die uns dazu bringt, Handlungen häufig zu wiederholen; daher ist es von entscheidender Bedeutung, die Richtigkeit dieser Handlungen zu gewährleisten. Wenn wir uns schlechten Praktiken hingeben, dringen sie tief in unser Muskelgedächtnis ein und machen die Korrektur einer Herkulesaufgabe zur Herausforderung. Dies gilt insbesondere für die Leistung in geschlossenen Systemen, da das Beherbergen schlechter Gewohnheiten den Beitrag eines Einzelnen zur Teamleistung beeinträchtigen kann.

Es ist nicht immer leicht, einen gesunden Geisteszustand zu bewahren. Es wird Zeiten geben, in denen unnötige negative Gedanken wieder an die Tür klopfen; denken Sie in solchen Zeiten daran, Selbstmitgefühl zu zeigen und freundlich zu sich selbst zu sein.

Schlechte Gewohnheiten abzuschaffen und konzentriert zu bleiben kann eine schwierige Aufgabe sein, aber es ist möglich, wenn Sie eine gewinnbringende Denkweise und die richtigen Strategien entwickeln. Der Aufbau guter Spargewohnheiten ist mit einem Ansatz erreichbar, der Folgendes umfasst: Erkennen, was Ihr Verhalten motiviert, Setzen von erreichbaren Zielen, Erstellen eines Budgets, Vermeiden von Auslösern, die Ihre Bemühungen in Richtung Belohnung entgleisen lassen, und schließlich Einholen von Unterstützung.

Auslöser	Beschreibung	Konkrete Beispiele
Lage	Bestimmte Umstände oder Kontexte, die exzessive Gedanken hervorrufen.	Soziale Situationen, öffentliche Präsentationen, Konflikte am Arbeitsplatz usw.
Emotionen	Intensive Gefühle, die ein Übermaß an Gedanken auslösen können.	Angst, Wut, Traurigkeit, Furcht, Frustration.
Personen	Interaktionen oder Beziehungen zu bestimmten Personen, die mentalen Stress verursachen.	Schwierige Kollegen, fordernde Familienmitglieder, toxische Beziehungen.
Umgebung	Orte oder Umgebungen, die den mentalen Stress erhöhen.	Laute Umgebungen, unorganisierte Räume, überfüllte Orte.
Negative Gedanken	Arten von automatischen oder wiederkehrenden Gedanken, die das Übermaß an Gedanken nähren.	Gedanken des Selbstzweifels, Angst vor Misserfolg, negative Erwartungen.
Vergangene Ereignisse	Erinnerungen oder frühere Erfahrungen, die weiterhin Grübeln auslösen.	Traumata, vergangene Misserfolge, alte Fehler.
Sozialer Druck	Soziale Erwartungen und Normen, die mentalen Druck erzeugen.	Vergleich mit anderen, Bedürfnis nach sozialer Bestätigung, kulturelle Erwartungen.
Körperliche Müdigkeit	Körperlicher Erschöpfungszustand, der die Tendenz, zu viel zu denken, intensivieren kann.	Schlafmangel, Erschöpfung, körperlicher Stress.

Zeitmangel	Die Wahrnehmung, nicht genug Zeit zu haben, um Aufgaben zu erledigen, was den Stress erhöht.	Enge Deadlines, überfüllte Zeitpläne, Multitasking.
Veränderungen im Leben	Größere Übergänge oder Veränderungen im Leben, die Grübeln auslösen können.	Umzug, Arbeitsplatzwechsel, Trennung, Verlust eines geliebten Menschen.

35

Kapitel 3

Hindernisse beim Umgang mit übermäßigem Denken

Mit übermäßigen Gedanken umzugehen ist eine ziemliche Herausforderung: Sie stammen aus einschränkenden Überzeugungen und der Angst vor Veränderungen.

Es gibt einen gemeinsamen Faktor, der Angst auslöst und Überzeugungen einschränkt. Es sind tief verwurzelte Gedanken oder Überzeugungen, die wir über uns selbst oder unsere Umwelt haben. Diese Überzeugungen zeichnen ein negatives Bild unserer Fähigkeiten und unseres Potenzials durch das Prisma, durch das wir uns selbst wahrnehmen. Wenn Sie beispielsweise glauben, dass Ihnen das Talent fehlt, einen bestimmten Karriereweg einzuschlagen, oder dass Sie nie die Liebe finden werden, behindern solche Gedanken Ihr Handeln, um sich Ziele zu setzen. Wenn wir diese Grenzen in unserem Glaubenssystem jedoch erkennen und hinterfragen, beginnen wir, den Weg für diese von der Angst errichteten Barrieren zu ebnen, denn die meisten sind ungerechtfertigt.

Veränderungen können durch Glaubenssysteme behindert werden, die tief in unseren Köpfen verwurzelt sind. Zur Veranschaulichung: Eine Person mit sozialer Angst kann glauben, dass sie von Natur aus unsympathisch ist, was ihre Fähigkeit, an sozialen Interaktionen teilzunehmen, behindert.

Glaubenssätze, die uns einschränken, sind Ideen und Gedanken, die wir über uns selbst, unsere Fähigkeiten oder unsere Umgebung haben, weil sie unseren Fortschritt beim Erreichen der Grenzen unseres Potenzials behindern. Sie sind tendenziell tief verwurzelt und hindern uns daran, Risiken einzugehen, um das zu erreichen, wovon wir träumen, aus Angst, es könnte nicht wahr werden. Diese einschränkenden Überzeugungen zu bekämpfen ist ein notwendiger Schritt, um das große Potenzial, das in jedem von uns steckt, freisetzen zu können. In den nächsten Abschnitten sprechen wir über einige Strategien, die Ihnen helfen können, diese Überzeugungen zu erkennen und zu überwinden.

Ungeeignete Methoden

Eine der häufigsten Herausforderungen, auf die man stößt, ist der Mangel an Ressourcen: finanzielle Engpässe, begrenzte Arbeitskräfte oder ineffiziente Technologie. Solche Unzulänglichkeiten können den Weg zum Erfolg erheblich behindern. Beispielsweise könnte ein Technologie-Start-up Schwierigkeiten haben, Kapital für F&E zu erhalten, was zu Verzögerungen bei der Produktentwicklung führen würde und es ihm unmöglich machen würde, mit etablierten Konkurrenten zu konkurrieren.

Die Anwendung von Technologie und Innovation kann ihre Fachkräfte mit den entscheidenden Fähigkeiten und Taktiken ausstatten, um die Hindernisse zu überwinden, die ihre Leistung beeinträchtigen, um vielversprechendere Ergebnisse zu erzielen.

Eine weitere Schwierigkeit beim Benchmarking ist das Fehlen einer angemessenen Ausbildung für diejenigen, die an dem Prozess beteiligt sind. Benchmarking erfordert ein tiefgreifendes Verständnis der Kriterien, Techniken und Instrumente, die für die Bewertung verwendet werden; ohne eine entsprechende Ausbildung könnte es für die Kalibratoren schwierig sein, genaue und einheitliche Bewertungen zu liefern. Wenn z. B. ein Teamleiter, der die Kalibrierung von Handelsvertretern beaufsichtigt, nicht in den spezifischen Verkaufstechniken und -

maßnahmen geschult ist: Dies kann zu verzerrten oder unzuverlässigen Ergebnissen führen. Um dieser Herausforderung zu begegnen, sollten Organisationen umfassende Schulungsprogramme für Kalibratoren anbieten, die sich auf die besonderen Fähigkeiten und Kenntnisse konzentrieren, die für eine effektive Kalibrierung erforderlich sind. Die technischen Aspekte sollten abgedeckt werden, und der Schwerpunkt sollte eindeutig auf Objektivität und Fairness im Benchmarking-Prozess liegen.

Es geht darum, den inneren Widerstand und die Sabotage zu bekämpfen. Wenn wir in Momenten, in denen die Dinge nicht sicher oder günstig erscheinen, Stellung beziehen, entwickeln wir eine außergewöhnliche innere Stärke. Resilienz ist nicht etwas, mit dem wir geboren werden, sie ist vielmehr wie ein Muskel, den wir im Laufe der Zeit durch verschiedene Erfahrungen und Herausforderungen, die das Leben uns stellt, aufbauen.

Widerstand gegen Benchmarking ist eines dieser kleinen, lästigen Hindernisse, die für viele Organisationen tendenziell auftauchen. Mitarbeiter können Benchmarking als Bedrohung ihrer Unabhängigkeit oder als bloßes weiteres Instrument betrachten, mit dem das Management sie unter Kontrolle halten kann. Diese Überlegung gefährdet nicht nur die Wirksamkeit des

Benchmarking, sondern beeinträchtigt auch die Art und Weise, wie der Prozess rezipiert wird. Was muss eine Organisation also angesichts solcher Widrigkeiten tun? Sie muss dafür sorgen, dass alle positiven Aspekte des Benchmarking im Vordergrund stehen, z. B. wie es in einer Kultur, in der es hoch geschätzt wird, zu einer kontinuierlichen Verbesserung führen kann.

Und vergessen wir nicht: Menschen arbeiten besser, wenn sie wissen, warum sie tun, was sie tun. Wenn die Mitarbeiter also verstehen, dass Benchmarking keine Taktik ist, um die Leistung auszuspionieren, sondern vielmehr darauf abzielt, herauszufinden, wo Schulungen erforderlich sind oder um sicherzustellen, dass die Bewertungen fair sind, sind sie vielleicht eher bereit, das Spiel mitzuspielen. Warum sollten Sie sie dann nicht in den Benchmarking-Prozess selbst einbeziehen? Ihre Kommentare könnten einen großen Unterschied machen. Wenn man dabei hilft, dieses Gefühl der Zugehörigkeit bei ihnen zu erzeugen, kann dies zu einem gewissen Engagement führen.

Ein weiteres Schlüsselelement für die Überwindung von Hindernissen ist Resilienz. Dazu gehört, nach Rückschlägen wieder aufzuspringen, sich an Veränderungen anzupassen und auch im Angesicht von Widrigkeiten eine positive Einstellung zu bewahren. Resilienz kann durch verschiedene Strategien entwickelt werden: Unterstützung von Mentoren oder

Gleichaltrigen suchen, ein Gleichgewicht zwischen Arbeit und Privatleben herstellen und auf sich selbst achten. Ein Beispiel, das die Resilienz hervorhebt, ist die Geschichte von J.K. Rowling, die vor ihrem Durchbruch mit Harry Potter mit zahlreichen Ablehnungen konfrontiert wurde. Auch wenn sie zunächst einen Misserfolg erlebte, setzte sie ihre Reise fort und wurde später zu einer der erfolgreichsten Autorinnen der Geschichte.

Stress und Angst als Faktoren, die zur Entwicklung von aufdringlichen Gedanken beitragen.

Überaktive Stressreaktion: Unser Gehirn reagiert mit übertriebenen Stresssignalen, wenn wir mit Situationen konfrontiert werden, die Angst vor Kritik oder Ablehnung hervorrufen. Die Amygdala wird ausgelöst, was wiederum das endokrine System aktiviert, um das Stresshormon Cortisol auszuschütten. Auch wenn diese Reaktion für unsere Vorfahren in unmittelbaren Gefahrensituationen hilfreich war, ist sie in der heutigen Welt, in der solche Stresssituationen chronisch sein können, oft nicht mehr angemessen.

Negative Denkmuster zu bekämpfen ist der zweite Schritt. Das liegt daran, dass unsere Gedanken unsere Gefühle und Handlungen in hohem Maße beeinflussen. Selbstzweifel oder

Katastrophismus sind nur einige Beispiele für solche negativen Denkmuster; sie halten unsere Ängste aufrecht und führen dazu, dass wir untätig bleiben, weil wir in einer angstgetriebenen Rückkopplungsschleife gefangen sind. Wenn wir diese negativen Gedanken jedoch aktiv mit ihren positiven und realistischen Gegenstücken konfrontieren, können wir uns von dieser Angst befreien.

Ein hohes Stressniveau kann zu Schlafunfähigkeit, Konzentrationsproblemen und Gesundheitsproblemen führen; während verpasste Gelegenheiten zu einem Verlust von Zeit oder Geld führen könnten. Wenn Sie schlechte Entscheidungen treffen, die zu schlechten Wahlmöglichkeiten führen, kann dies Ihr Leben dauerhaft und für immer negativ beeinflussen.

Gesellschaftliche Stressfaktoren und ausländische Erwartungen

Stress kann ein wichtiges Nebenprodukt sein, wenn Menschen in sozialen Kontakt treten. Er entsteht oft mit dem Wunsch, es anderen recht zu machen, auch wenn dies unseren eigenen Bedürfnissen und Wünschen zuwiderläuft. Indem wir nicht unbedingt die Erwartungen anderer erfüllen müssen, werden wir bequemer darin, uns selbst zu behaupten. Dieses Maß an emotionaler Unabhängigkeit verringert das Bedürfnis nach externer Zustimmung, was bedeutet, dass der Stress, der mit der ständigen Suche nach Bestätigung verbunden ist, ebenfalls vom Radar verschwindet.

Die Entscheidungsfindung ist ein Prozess, an dem viele Menschen beteiligt sind und der in der Regel von externen Determinanten wie familiären Erwartungen, gesellschaftlichen Normen oder arbeitsbedingten Stressfaktoren beeinflusst wird. Dennoch bedeutet Selbstbehauptung, auf sich selbst als Hauptstimme zu hören und den eigenen Überzeugungen und Wünschen als oberste Priorität zuzustimmen.

Ein weiterer zu berücksichtigender Faktor ist der Beitrag externer Elemente zur Entstehung von Hindernissen. Diese externen Effekte können Liquiditätsprobleme, Materialmangel oder ungünstige Situationen beinhalten. Nehmen wir den Fall eines finanziell bedürftigen Akademikers, der darum kämpft, eine höhere Ausbildung zu absolvieren; dies setzt seine Karriere aufs Spiel. Angesichts solcher Situationen wird es unerlässlich, über den Tellerrand hinauszuschauen und nach alternativen Heilmitteln und wahrscheinlichen Gegenmitteln wie Zuschüssen, einem befristeten Job oder E-Learning-Systemen zu suchen, die diese von außen kommenden Hindernisse überwinden können. Außerdem sollten Sie sich nicht aufhalten lassen, wenn Sie knapp bei Kasse sind, aber den brennenden Wunsch haben, etwas Neues zu lernen. Kostenlose Kurse gibt es auf Coursera und der Khan Academy, wo die besten Ausbilder der Welt kostenlos unterrichten. Nutzen Sie Ihre Leidenschaft und Ihren Wissensdurst als Treibstoff, um Licht in die Dunkelheit zu bringen, die Sie aufgrund fehlender finanzieller Mittel oder der Unfähigkeit, eine traditionelle formale Beschäftigung zu finden, umgibt: Denken Sie daran, dass auch kleine Schritte zählen!

Ich halte es für eine gute Idee, sich Zeit für sich selbst zu nehmen. Im Zusammenhang mit einem schlechten Zeitmanagement ist eines der größten Hindernisse Multitasking. Dies führt dazu, dass man sich mehr Zeit für die Erledigung von Aufgaben nimmt, und führt oft zu Fehlern. Der Weg, dieses Hindernis zu überwinden, besteht darin, sich jeweils auf eine Aufgabe zu konzentrieren: Wenn Sie all Ihre Anstrengungen und Ihre Aufmerksamkeit dieser einen Aufgabe widmen, könnten Sie erstaunt sein, wie viel produktiver Sie sein können.

Die Vernachlässigung der Aufgabenkoordination trägt zu einem ineffizienten Zeitmanagement bei; wie das alte Sprichwort sagt: Ein Punkt zur rechten Zeit rettet neun. Ebenso stellt es ein drohendes Risiko für das gesamte Projekt dar, wenn man nicht einschätzt, wie viel Zeit für die Fertigstellung von Aufgaben benötigt wird. Die Zeit ist wie ein Fluss: Man kann nicht zweimal in dasselbe Wasser fassen, denn der Strom, der einmal vorbeigeflossen ist, wird nie wieder vorbeikommen.

Ein Mangel an langfristiger Planung und Vision ist ein Hindernis für ein effektives Zeitmanagement. Die Aufgaben am Arbeitsplatz werden täglich ohne zeitlich festgelegte Ziele oder Pläne erledigt. Da Ihre Gruppe keinen Plan für die Zukunft hat, passt sie sich der hastigen Arbeit an und läuft Gefahr, zu übersehen, was Priorität haben sollte. So ist eines der Hindernisse bei der Unterscheidung von Prioritäten die kurzfristige Sichtweise.

Hindernis	Beschreibung	Konkrete Beispiele
Mangel an Bewusstsein	Schwierigkeit, zu erkennen, dass man zu viel denkt.	Nicht erkennen, dass aufdringliche Gedanken das tägliche Leben beeinträchtigen.
Verankerte Gewohnheiten	Sich wiederholende, eingefahrene Verhaltensweisen und Denkmuster.	Nächtliches Grübeln, Zyklen wiederkehrender negativer Gedanken.
Intensive Emotionen	Starke Emotionen, die einen überwältigen können und es schwierig machen, die	Angstanfälle, Wutausbrüche, depressive Phasen.

	Gedanken zu kontrollieren.	
Chronischer Stress	Eine Situation anhaltenden Stresses, die einen Zustand hoher geistiger Wachsamkeit aufrechterhält.	Stress am Arbeitsplatz, anhaltende Familienprobleme, ständige finanzielle Sorgen.
Mangel an Techniken	Fehlen wirksamer Strategien oder Methoden, um mit übermäßigen Gedanken umzugehen.	Sie dürfen keine Entspannungs- oder Achtsamkeitstechniken kennen oder anwenden.
Umgebung	Ein Lebens- oder Arbeitsumfeld, das exzessive Gedanken verstärkt.	Stressiges Arbeitsumfeld, lautes Haus, Mangel an ruhigen Räumen.
Sozialer Druck	Soziale Erwartungen und Normen, die den mentalen Stress und die Tendenz, zu viel zu denken, erhöhen.	Bedürfnis nach sozialer Leistung, Angst vor dem Urteil anderer, ständige Vergleiche in sozialen Netzwerken.
Perfektionismus	Unrealistischer Wunsch nach Perfektion, der zu exzessiven Gedanken und Selbstkritik führt.	Übermäßige Fehleranalyse, Angst vor Versagen, unrealistische Erwartungen an sich selbst.

Probleme mit der psychischen Gesundheit	Psychologische Bedingungen, die die Tendenz, zu viel zu denken, verschärfen.	Angststörungen, Depressionen, Zwangsstörungen (OCD).
Mangel an sozialer Unterstützung	Fehlende emotionale Unterstützung oder fehlendes Verständnis von Angehörigen oder Fachleuten.	Keine Freunde oder Familie zum Reden haben, keine Selbsthilfegruppe oder Therapie.

Kapitel 4

Eine positive Umgebung schaffen

Etablieren Sie einen förderlichen Raum, um zu verhindern, dass Sie zu viel nachdenken. Das bedeutet, unnötige Elemente zu entfernen und die Dinge in Ordnung zu halten; die Bedeutung der physischen Umgebung.

Sie sind sich nun der Auswirkungen von Entrümpelung und Organisation auf Ihre körperliche, geistige, emotionale und soziale Gesundheit bewusst. Wie wollen Sie also handeln? Warum glauben Sie, dass es von Vorteil wäre, Ihren Raum zu entrümpeln? Haben Sie eine Idee, was der erste Schritt zur Organisation Ihrer Nachbarschaft sein könnte?

Der Einfluss der physischen Umgebung auf die Produktivität und die Stimmung des Menschen ist groß. Ein gut gestalteter Arbeitsplatz trägt zu einer positiven Atmosphäre bei, indem er die Ergonomie mit Pflanzen und Gemeinschaftsbereichen für spontane Interaktionen fördert. Denken Sie auch an die individuelle Gestaltung, indem Sie die Büros dekorieren oder gemütliche Ecken zum Entspannen einrichten.

Setzen Sie sich nicht überstürzt Ziele, sondern analysieren Sie zunächst den externen Kontext: Marktdynamik, Branchentrends und organisatorische Fähigkeiten. Diese Elemente agieren nicht unabhängig voneinander, sondern sind in einem komplexen Beziehungsgeflecht miteinander verwoben. Betrachten Sie folgendes Szenario: Ein Startup, das eine Branche revolutionieren will, stünde vor ganz anderen Herausforderungen als ein etabliertes Unternehmen, das ein schrittweises Wachstum anstrebt. Der Einfluss Ihres sozialen Umfelds kann nicht überschätzt werden. Umgeben Sie sich mit positiven Menschen, die Sie inspirieren und bedingungslos unterstützen. Bemühen Sie sich, bei Beziehungen Qualität vor Quantität zu stellen, denn diese Verbindungen können Sie nach vorne bringen oder Sie auf Ihrem Lebensweg bremsen.

Die Entwicklung positiver Beziehungen trägt wesentlich zu unserem Erfolg und unserem Wohlbefinden bei. Es bringt viel emotionale Unterstützung: Wir können konstruktive Ratschläge von Menschen erhalten, bei denen wir uns wohlfühlen, wenn wir wir selbst sind. Unsere Fähigkeit, zu gedeihen, ist höher, wenn wir in einem Umfeld leben, das unseren Werten und Träumen entspricht.

Die Wahl einer positiven Atmosphäre setzt die Fähigkeit voraus, zwischen denjenigen zu unterscheiden, die positive Energie ausstrahlen, und denjenigen, die unsere positiven Schwingungen absaugen. Wenn wir gesunde und inspirierende Beziehungen wählen, können wir eine einfache Kommunikation pflegen, die von leisem Lachen durchsetzt ist, das die Generierung neuer Ideen und die Motivation für weitere Anstrengungen fördert.

Mit optimistischen Menschen zusammen zu sein ist genauso gut, wie immer ein Team von Cheerleadern an deiner Seite zu haben, die dich ermutigen, motivieren und dir helfen, Hindernisse zu überwinden. Ihre ansteckende Energie treibt dich noch weiter an, um deine kühnsten Träume zu verwirklichen. Aber was können wir tun, um die negativen Auswirkungen, die von diesen Quellen ausgehen, zu begrenzen?

Die meisten Studien über die Auswirkungen der sozialen Medien haben sich mit den negativen Ergebnissen befasst; es gibt aber auch andere, die positive Ergebnisse hervorheben. Soziale Medien sind wirksame Instrumente, um mit Freunden und Familienmitgliedern in Verbindung zu treten, selbst wenn diese durch räumliche Distanz getrennt sind. Diese Plattformen tragen zur Förderung von Beziehungen bei und helfen auch bei der Planung und Kommunikation zwischen den Haushaltsmitgliedern. Soziale Netzwerke bringen Menschen mit gemeinsamen Werten, Aktivitäten und Interessen in eng verbundenen Gruppen und größeren Netzwerken zusammen, die offline nur schwer aufrechtzuerhalten wären. Studien zufolge sagt eine große Anzahl von Online-Kontakten ein höheres Maß an Lebenszufriedenheit und wahrgenommener sozialer Integration voraus. Hindernisse, die durch die Teilnahme an diesen virtuellen Gemeinschaften minimiert werden können. Social-Networking-Sites können ebenfalls dazu beitragen, die Hindernisse für die soziale Teilhabe zu verringern. Auch wenn solche Beziehungen persönliche Kontakte nicht vollständig ersetzen, bieten sie dennoch wichtige Möglichkeiten zur Unterstützung oder Kameradschaft außerhalb des physischen Umfelds. Mehrere Forschungsarbeiten haben die Nutzung sozialer Medien mit positiven Ergebnissen wie emotionaler Unterstützung und der Verringerung von sozialer Isolation und Einsamkeit in Verbindung gebracht.

Allerdings werden nur die negativen Ergebnisse berücksichtigt. Ein weiterer Mangel ist, dass die Nutzung sozialer Medien nicht mit allgemeinen Messungen des Wohlbefindens verglichen wird, z. B. mit der Selbsteinschätzung der psychischen Gesundheit und der Lebenszufriedenheit. Für zukünftige Versionen der Umfrage würde das Hinzufügen von Messungen des Wohlbefindens mehr Raum geben, um zu erforschen, wie die Mediennutzung mit positiven und negativen Ergebnissen in den einzigen sozialen Bereichen zusammenhängt, die von verschiedenen anderen Faktoren beeinflusst werden. Die Einfügung von mehr Fragen zur Offline-Beziehungszufriedenheit wird dazu beitragen, zu verstehen, ob Einzelpersonen über soziale Medien emotionale Unterstützung erhalten oder bedeutsame Bindungen aufbauen, wenn physische Kontakte eingeschränkt sind.

Zahlreiche Studien haben sowohl die Vor- und Nachteile der Nutzung sozialer Medien als auch die Faktoren, die zu den Risiken beitragen, untersucht. Diese Studien haben die akademische Literatur in den letzten zehn Jahren dominiert und sich vor allem auf Jugendliche und junge Erwachsene konzentriert. Es gibt jedoch eine wachsende Zahl von Studien zu verschiedenen (meist negativen) Aspekten der Auswirkungen, die sich aus ihrer Nutzung sozialer Medien ergeben.

Die Förderung einer positiven Atmosphäre besteht im Wesentlichen darin, konkrete Schritte zu unternehmen: Anstrengungen systematisch anzuerkennen und aufrichtig zu bleiben, indem man dem Wohlbefinden Priorität einräumt. Wir sollten nicht nur die Meilensteine beklatschen, sondern auch den Weg ehren, den wir zurückgelegt haben: die kleinen Schritte, die in Großartigkeit gipfeln.

Nutzen Sie diese Vorschläge, um Ihren Lebensraum in eine Arena zu verwandeln, die Positivität und Wohlbefinden nährt. Ein Zusammenfluss einer positiven Umgebung mit Dankbarkeit und Offenheit gegenüber positiven Ereignissen baut eine sich selbst tragende Schleife auf, die positive Energien anzieht. Die Entscheidung für positive Umgebungen und das Handeln außerhalb der Komfortzonen sind wesentliche Elemente, um eine fröhliche und positive Atmosphäre zu schaffen. Machen Sie sich die Stärken bewusst, die sich aus dem Aufbau einer sich selbst tragenden Schleife ergeben, die positive Energien einfängt, z. B. durch eine positive Umgebung in Kombination mit Dankbarkeit und Offenheit gegenüber positiven Ereignissen.

Die Wahl einer positiven Umgebung fördert auf intelligente Weise das persönliche Wachstum und das Glück. Wenn wir uns für den Positivismus entscheiden, kultivieren wir eine Atmosphäre, die Freude, Motivation und die Verwirklichung unserer Träume hervorbringt. Lassen Sie uns realistische Ziele und Grenzen setzen.

Das Setzen von realistischen und erreichbaren Zielen ist entscheidend, um sich an den Erfolg zu erinnern. Die verfügbaren Ressourcen bestimmen; realistische Fristen setzen; Ziele in kleinere Teile zerlegen; flexibel und reaktionsschnell bleiben - all dies wird sicherlich dazu beitragen, die Erreichbarkeit und die Erfolgsquote unseres Ziels zu verbessern.

Das Setzen realistischer Ziele ist ein Schlüsselelement für den Erfolg. Realistische und erreichbare Ziele helfen Ihnen, konzentriert zu bleiben, und tragen gleichzeitig dazu bei,

Fortschritte zu messen, Burnout vorzubeugen und das Selbstvertrauen zu stärken. Stellen Sie sicher, dass die Ziele, die Sie sich setzen, erreichbar und praktisch sind. Das garantiert, dass Sie motiviert bleiben und auf dem richtigen Weg sind, um sie zu erreichen. Dies kann als Motivation dienen, die daraus entsteht, dass man sich freut, bestimmte Ziele erreichen zu können, während man sich bei anderen auf dem richtigen Weg befindet.

Ein wirksames Mittel, um die Motivation und die persönliche Entwicklung aufrechtzuerhalten, ist das Setzen realistischer Ziele. Wenn man die Ziele in kleinere Bestandteile zerlegt, wäre es leichter, die eigenen Fähigkeiten im Lichte des Ziels zu betrachten, ein spezifisches Ziel und einen Zeitrahmen festzulegen.

Aspekt	Beschreibung	Konkrete Maßnahmen
Physischer Raum	Verbesserung der physischen Umgebung zur Förderung von Wohlbefinden und Gelassenheit.	Räume entrümpeln, Pflanzen hinzufügen, für gute Lichtverhältnisse sorgen.
Sonore Atmosphäre	Reduzieren Sie den Lärm und integrieren Sie beruhigende Klänge, um die Konzentration und Entspannung zu verbessern.	Verwenden Sie geräuschdämpfende Kopfhörer, hören Sie leise Musik, stellen Sie einen Wasserspender auf, begrenzen Sie Hintergrundgeräusche.

Qualität der Luft	Aufrechterhaltung einer guten Luftqualität für eine gesunde Umwelt.	Regelmäßiges Lüften, Verwendung von Luftreinigern, Integration von Pflanzen, die die Umwelt entgiften.
Farben und Dekoration	Verwenden Sie Farben und dekorative Elemente, die eine positive Stimmung fördern.	Wählen Sie beruhigende Farben wie Blau oder Grün, dekorieren Sie mit inspirierenden und persönlichen Gegenständen.
Organisation und Sauberkeit	Halten Sie einen Raum sauber und gut organisiert, um Stress zu reduzieren und die Effizienz zu steigern.	Regelmäßig aufräumen, Aufbewahrungssysteme nutzen, täglich putzen.
Beleuchtung	Sorgen Sie für eine angemessene Beleuchtung, um die Konzentration und das Wohlbefinden zu fördern.	Verwenden Sie natürliches Licht, installieren Sie Zusatzlampen, vermeiden Sie zu helles oder zu schwaches Licht.
Technologie und Ablenkungen	Begrenzen Sie technologische Ablenkungen, um die Produktivität und Konzentration zu steigern.	Zeitfenster ohne Bildschirme einrichten, unnötige Benachrichtigungen ausschalten, Fokus-Apps verwenden.

Soziale Unterstützung	Kultivieren Sie positive Beziehungen und ein unterstützendes Netzwerk, um das emotionale Wohlbefinden zu fördern.	Verbringen Sie Zeit mit Freunden und Familie, schließen Sie sich Gruppen oder Clubs an, bitten Sie um Hilfe, wenn es nötig ist.
Positive Rituale und Gewohnheiten	Integrieren Sie tägliche Rituale, die eine positive Einstellung und das Wohlbefinden fördern.	Praktizieren Sie Meditation, treiben Sie regelmäßig Sport, führen Sie ein Dankbarkeitstagebuch, haben Sie Zeit für Muße.
Mindset und Attitude	Nehmen Sie eine positive Einstellung und eine Wachstumsmentalität an, um das globale Umfeld zu verbessern.	Praktizieren Sie Selbstmitgefühl, setzen Sie sich realistische Ziele, feiern Sie kleine Siege, bleiben Sie offen für neue Erfahrungen.

Kapitel 5

Seine Denkmuster ändern

Seine Denkmuster zu ändern bedeutet nicht, sich exzessivem Nachdenken hinzugeben.

Es mag harmlos erscheinen, aber wenn Sie sich einen Moment Zeit nehmen, um Ihre Handlungen zu erkennen, sei es übermäßiges Nachdenken oder ein anderes Verhalten, ist dies der Beginn einer echten Metamorphose.

Seien Sie sich bewusst, wann Sie die Gewohnheit verlieren, zu viel nachzudenken. Beobachten Sie die Umstände, die Sie in diesen Geisteszustand gebracht haben; notieren Sie es, ohne wütend oder frustriert zu werden; geben Sie einfach zu, dass Sie zu viel nachdenken, und lassen Sie den Gedanken los. Wenn Sie die Ursachen für Ihr übermäßiges Denken erkennen, hilft Ihnen das, etwas dagegen zu tun: Seien Sie proaktiv und übernehmen Sie die Kontrolle über Ihre Gedanken.

Übermäßiges Nachdenken hält Sie in einem bestimmten Geisteszustand, stellt etwas in Ihrem Gehirn in Frage, das bereits geschehen ist, etwas, das Sie nicht ändern können, oder lässt Sie in der Sorge um eine zukünftige Entscheidung stecken. Aber nicht alle Hoffnung ist verloren!

Um im gegenwärtigen Augenblick präsent zu sein, praktizieren Sie Achtsamkeit.

Das Praktizieren von Achtsamkeit ermöglicht es uns, präsent zu sein und uns unserer Erfahrungen bewusst zu sein. Engagieren Sie Ihre Sinne, um Ihre Umgebung zu beobachten, ohne das, was Sie wahrnehmen, zu bewerten. Diese Fähigkeiten zu kultivieren kann eine Quelle des inneren Friedens sein, der als Barriere gegen die Spirale der Negativität angesichts emotionaler Störungen wirkt.

Achtsamkeit bedeutet, präsent zu sein, sich von vergangenen Schuldgefühlen und zukünftigen Ängsten zu befreien, indem man seine Aufmerksamkeit auf die Gegenwart richtet. Auf diese Weise kann man das Leben voll und ganz spüren und tief in seinem Inneren Frieden finden: Ein guter Schritt ist es, auf seine Sinne zu achten: Sehen Sie, was Sie um sich herum hören, riechen und fühlen.

Der zweite Punkt ist, Achtsamkeit zu praktizieren. Achtsamkeit bedeutet, ganz im gegenwärtigen Moment präsent zu sein und während einer Panikattacke seine Gedanken und Gefühle ohne Bewertung zu akzeptieren; es kann Ihnen helfen, sich auf Ihre Sinne zu konzentrieren. Spüren Sie, wie Ihre Füße den Boden berühren, hören Sie auf Ihr Atemgeräusch (achten Sie darauf, wie anders es bei einer Panikattacke klingt) oder konzentrieren Sie sich auf das Gefühl, wenn Ihre Hände sich berühren. Indem Sie Ihre Aufmerksamkeit auf die unmittelbare Realität umlenken, können Sie sich von den Gedanken, die sich nur im Kreis drehen, entfernen und die Kontrolle über Ihre Gefühle zurückgewinnen.

Negative Gedankenmuster in Frage zu stellen, kann schwierig sein. Aber es ist ein wesentlicher Schritt, um die Positivität in sich selbst zu fördern: Erkennen Sie, dass diese negativen Gedanken nur Ausgeburten unseres Geistes sind, stellen Sie sich ihnen; ersetzen Sie die negative innere Rede durch positive Affirmationen, sorgen Sie dafür, dass wir uns mit positiver Gesellschaft umgeben und nehmen Sie bei Bedarf professionelle Beratung in Anspruch. Diese Schritte können Ihnen helfen, die negativen Gedanken, die Sie schwer belasten, zu ertränken: Sie zu unterdrücken, sobald sie auftauchen, fördert einen gesunden Geisteszustand.

Das bewusste Erkennen und Bekämpfen negativer Gedanken ist ein wesentlicher Bestandteil der Förderung von Positivität. Der Ursprung dieser negativen Gedanken ist sehr unterschiedlich: vergangene Ereignisse, Traumata, Angst, Ängste, geringes Selbstwertgefühl... Die Liste ist lang. Diese Gedanken verankern sich in uns und führen zu weiteren negativen Emotionen wie Traurigkeit, Wut oder Frustration. So überwältigend diese Muster auch erscheinen mögen, sie können durch die Kultivierung einer positiven Einstellung überwunden werden.

Negative Denkmuster zu überwinden ist eine schwierige, aber durchaus machbare Aufgabe. Dies kann geschehen, indem Sie negative Gedanken erkennen und anfechten, aufmerksam sind und sich mit Positivität umgeben, Selbstmitgefühl zeigen und sich bei Bedarf Hilfe holen. Wenn Sie diese Handlungen in die Praxis umsetzen, können Sie die negativen Gedanken, die sich in Ihrem Geist verwoben haben, beseitigen und so Ihr geistiges Wohlbefinden verbessern.

Denken Sie daran, dass die Förderung einer konstruktiven Geisteshaltung eine kontinuierliche Reise ist: Sie erfordert Anstrengungen und unaufhörliche Selbstbeobachtung. Wenn Unternehmer diese Ansätze in ihre tägliche Routine einbauen, können sie das Reservoir an Selbstvertrauen überquellend halten, während sie durch die Gewässer ihrer unternehmerischen Odyssee waten.

Die Entwicklung einer positiven Einstellung spielt eine wesentliche Rolle für die persönliche Entwicklung und die Aufrechterhaltung der Motivation. Dazu gehört, eine geistige Haltung einzunehmen, die sich auf Optimismus, Belastbarkeit und Selbstvertrauen konzentriert. Wenn Menschen eine positive Einstellung kultivieren, können sie ihre Gesundheit, ihr Wohlbefinden und ihre Fitness insgesamt sowie ihre kognitiven Fähigkeiten verbessern, was zu Verbesserungen bei der Arbeit oder bei Schulprojekten führt.

Eine positive Einstellung zu entwickeln ist etwas, das wir unser ganzes Leben lang bewusst und absichtlich tun müssen. Aber wenn wir die Kraft positiver Gedanken, Dankbarkeit und Selbstbewusstsein nutzen und dafür sorgen, dass wir von Positivität umgeben sind, ist es möglich, unser Leben zu verändern und glücklicher und erfolgreicher zu gestalten. Sich vor Augen zu halten, dass eine positive Geisteshaltung nicht bedeutet, Herausforderungen zu ignorieren, sondern sie mit Optimismus, Widerstandsfähigkeit und Vertrauen in unsere Fähigkeiten anzugehen. Auf diese Weise kann die Reise zu einer positiven Geisteshaltung Ihre Dynamik anheizen und zu transformativen Veränderungen in Ihrem Leben führen - manchmal sogar zum Besseren, als Sie es sich je hätten vorstellen können.

Es ist wichtig, Grenzen zu setzen und sich Pausen zu gönnen, um die Gedanken nicht zu vertiefen.

Machen Sie während des Sprechens gelegentlich eine Pause und lassen Sie Ihre Worte in der Stille verweilen. Verlangsamen Sie das Gespräch zeitweise - wenn es die Umgebung zulässt - und beschleunigen Sie es später, wenn Sie das Gefühl haben, die Intensität des Gesprächs erhöhen zu müssen; jetzt bereichern Sie den Moment jedoch durch Verlangsamung und genießen Sie die Ruhe: Sorgen Sie dafür, dass um Sie beide eine intime Atmosphäre herrscht, wenn Sie sprechen.

Wirksame Werkzeuge gegen chronisch übermäßiges Denken können in Stressbewältigungs- und Entspannungstechniken gefunden werden. Es ist möglich, die Harmonie zwischen Geist und Körper wiederherzustellen, indem man diese Praktiken im Alltag anwendet. Achten Sie darauf, dass Sie sich jeden Tag Zeit für etwas nehmen, das Sie entspannt; das wird Ihnen helfen, Stress und Angst, die wahrscheinlich die Ursache für Ihr übermäßiges Denken sind, wirksam zu bewältigen.

- Die Natur wirkt Wunder, um die Eintönigkeit zu durchbrechen: Seien Sie die Person, die andere daran erinnert, nach draußen zu gehen, egal wie kurz es dauert. Frische Luft hat ein magisches Mittel, um den Geist zu reinigen, während Sonnenlicht und Grünflächen schwindenden Gemütern neues Leben einhauchen. Stellen Sie sich ein Start-up-Team vor, das während einer Brainstorming-Sitzung durch die Nachbarschaft spaziert: Die Ideen fließen frei inmitten offener Diskussionen, unter der

Wärme des natürlichen Lichts und des belebenden Pflanzensauerstoffs.

Techniken der kognitiven Umstrukturierung bei Depressionen :

Die kognitive Umstrukturierung ist eine mächtige Strategie, um ungünstige Denkkanäle in günstige Ergebnisse umzukehren. Wenn Menschen irrationale oder unnötige Gedanken erkennen und hinterfragen können, können sie ihre Denkweise neu ausrichten und in der Folge ihre Lebensqualität verbessern, sowohl persönlich als auch in Bezug auf die Produktivität am Arbeitsplatz. In diesem Bereich werden die Feinheiten der kognitiven Umstrukturierung ohne direkte Einführung behandelt.

Die kognitive Umstrukturierung ist eine therapeutische Methode. Ihr Ziel ist es, irrationale oder unnötige Denkmuster zu erkennen und zu verändern, da sie anerkennt, dass Emotionen, Verhalten und unser allgemeines Wohlbefinden stark von unseren Gedanken beeinflusst werden.

Kurz gesagt: Die kognitive Umstrukturierung ist ein Weg, sich von selbstzerstörerischen Denkmustern zu befreien. Dazu gehört es, unsere Überzeugungen zu verstehen und Verzerrungen zu bekämpfen sowie positive und gesunde Perspektiven einzunehmen - das hilft uns, unseren Geist auf Resilienz und Wachstum umzuprogrammieren. Denken Sie daran, dass es nicht darum geht, negative Gedanken vollständig zu eliminieren, sondern sie wirksam zu kontrollieren; die Negativität nicht zu verbannen, sondern zu beherrschen.

Aspekt	Beschreibung	Konkrete Maßnahmen
Bewusstseinsbildung	Erkennen von negativen oder unproduktiven Denkmustern.	Führen Sie ein Gedankentagebuch, überprüfen Sie regelmäßig Ihre Gedanken, beobachten Sie Ihre automatischen Reaktionen.
Ersetzen von Gedanken	Ersetzen Sie negative Gedanken durch positive oder neutrale Gedanken.	Positive Affirmationen verwenden, negative Gedanken in Chancen umformulieren, Dankbarkeit üben.
Vollständiges Bewusstsein	Praktizieren Sie Achtsamkeit, um in der Gegenwart verankert zu bleiben und übermäßige Gedanken zu reduzieren.	Täglich meditieren, Atemübungen machen, Aktivitäten mit Achtsamkeit durchführen.
Hinterfragen von Gedanken	Die Gültigkeit und den Nutzen negativer Gedanken in Frage stellen.	Verwenden Sie die "Warum"-Technik, um die Ursprünge von Gedanken zu erforschen, fragen Sie, ob sie auf Tatsachen oder Ängsten beruhen.
Kognitive Verhaltenstherapie (Cognitive Behavioral Therapy, CBT)	CBT-Techniken zur Neustrukturierung von Denkmustern anwenden.	Mit einem Therapeuten zusammenarbeiten, CBT-Übungen anwenden, Bücher über CBT lesen.
Positive Visualisierung	Visualisieren Sie positive Szenarien, um die Denkmuster zu beeinflussen.	Geführte Visualisierung praktizieren, sich positive Ergebnisse vorstellen, Visualisierungstafeln verwenden.
Bildung und Lernen	Sich über die Funktionsweise von Gedanken und die Auswirkungen	Bücher über positive Psychologie lesen, Online-Kurse besuchen, an Workshops zur

	von mentalen Mustern aufklären.	Persönlichkeitsentwicklung teilnehmen.
Entwicklung von Selbstmitgefühl	Kultivieren Sie eine wohlwollende Haltung gegenüber sich selbst, um kritischen Gedanken entgegenzuwirken.	Praktizieren Sie Selbstmitgefühl, schreiben Sie wohlwollende Briefe an sich selbst, wiederholen Sie positive Mantras.
Setzen von Realistischen Zielen	Sich erreichbare Ziele setzen, um ein Gefühl des Erfolgs und der Kontrolle zu fördern.	Verwenden Sie die SMART-Methode, um Ziele zu setzen, kleine Erfolge zu feiern und die Ziele regelmäßig neu zu bewerten und anzupassen.
Soziale Unterstützung	Sich mit positiven und unterstützenden Menschen umgeben, um gesunde Denkmuster zu fördern.	Sich Selbsthilfegruppen anschließen, seine Fortschritte mit Freunden oder der Familie teilen, nach positiven Mentoren suchen.

Kapitel 6

Achtsamkeitsmeditation

Entdecken Sie das Wesen der Achtsamkeitsmeditation.

Das Wesen der Achtsamkeitsmeditation liegt in einer kognitiven Praxis, bei der man seinen Geist trainiert, sich auf Gedanken und Gefühle zu konzentrieren, ohne sie zu bewerten. Die Kunst dieser Praxis besteht darin, ein Verständnis für die eigenen inneren Prozesse zu entwickeln und das Bewusstsein des gegenwärtigen Augenblicks zu umarmen. In der Neuzeit hat die Achtsamkeitsmeditation an Popularität gewonnen und gilt als wirksames Mittel zum Stressabbau, zur Förderung des Wohlbefindens und eines reichen Selbstbewusstseins.

Bei der Achtsamkeitsmeditation geht es darum, Ihre Gedanken und Gefühle ohne jegliche Wertung zu beobachten. Sie richten Ihre Aufmerksamkeit auf den gegenwärtigen Moment. Diese Praxis unterscheidet sich von der Mantra-Meditation, bei der bestimmte Wörter oder Sätze während der Meditation wiederholt werden.

Die Achtsamkeitsmeditation ist ein mächtiges Werkzeug, das Ihnen dabei helfen kann, inneren Frieden zu finden. Dazu gehört, dass Sie sich Ihrer Gedanken, Gefühle und körperlichen Empfindungen unvoreingenommen bewusst sind. Indem Sie sie praktizieren, können Sie ein besseres Verständnis Ihres Wesens erlangen und einen friedlichen Zustand der Gelassenheit in sich selbst herstellen. Wir werden die Vorteile der Achtsamkeitsmeditation vertiefen, um inneren Frieden zu erreichen, ohne äußere Elemente einzuführen, die Ihre Gedankenwellen verunreinigen könnten. Lesen Sie weiter, um praktische Tipps zu erhalten, wie Sie sich auf diese Reise begeben können.

Sitzungen, die Anfänger auf dem Weg mitreißen.

Techniken zur Kultivierung der Achtsamkeitsmeditation.

Die Kunst der Achtsamkeit öffnet den Weg zu einer Praxis, die uns hilft, unseren Geist zu beruhigen, inneren Frieden zu finden und einen Zustand erhöhter Bewusstheit zu erreichen. Durch dieses Segment werden wir verschiedene Meditationsmethoden und Achtsamkeitspraktiken kennenlernen, die alle darauf ausgelegt sind, dass Sie in diesen Dschungel eintauchen können, ohne zurückzuschauen.

Kontemplative Routinen beinhalten Ausdauer sowie Methoden der Meditation, Geduld, Übung und den Willen, sich mit den betreffenden kognitiven Problemen zu beschäftigen. Beginnen Sie mit einfachen Übungen und entwickeln Sie sich weiter, um nach und nach auch komplexe Techniken in Ihren Tagesablauf einzubauen. Begrüßen Sie diese Erkundung der Achtsamkeit, die Sie potenziell verändern könnte: Ein leidenschaftlicher Teilnehmer wird garantiert einen reichen Nutzen daraus ziehen.

Die Achtsamkeitsmeditation kann als Mittel zur Erlangung von Seelenruhe sowie zur Konzentration und Kontrolle von Emotionen angesehen werden. Sie sollten sie kontinuierlich praktizieren, um einen friedlichen und aufmerksamen Geisteszustand zu entwickeln, der es Ihnen ermöglicht, auf Situationen mit Anmut und Leichtigkeit zu reagieren.

Machen Sie inneren Frieden und Klarheit zu festen Bestandteilen Ihrer täglichen Routine.

Die Verschmelzung von Achtsamkeit mit dem täglichen Leben ist kontinuierlich. Das Ziel ist nicht, Perfektion zu erreichen, sondern den Weg der Ruhe und des Selbstbewusstseins zu gehen. Wenn wir uns in die unzähligen Dimensionen der Achtsamkeit vertiefen und uns bemühen, ihre Gebote in den verschiedenen Bereichen unseres Daseins umzusetzen, können wir vielleicht den schwer fassbaren Frieden entdecken, der in der Regel den Kern dessen ausmacht, was wir in dieser chaotischen modernen Welt suchen. Achtsamkeit ist kein leicht zu erfassendes Konzept, sondern eine Idee, die tief im Wesen eines jeden Menschen verwurzelt sein muss.

Die Verschmelzung von Achtsamkeit und Meditation in Ihrer täglichen Routine kann Sie verwandeln und Ihnen helfen, die Ruhe in sich selbst zu entdecken, selbst wenn Sie durch die stürmischen Gewässer des modernen Daseins waten. Denken Sie daran, eine bewusste Morgenpraxis zu kultivieren; lassen Sie Achtsamkeit Ihren Tag grenzenlos durchdringen; räumen Sie Zeit speziell für die Meditation ein - nutzen Sie die Technologie als Werkzeug und lassen Sie sich von Geschichten wie der von Sarah inspirieren. Auf diese Weise schreiten Sie auf dem Weg zu

Ausgeglichenheit und Wohlbefinden voran, ohne Kompromisse mit den Widrigkeiten des Lebens um Sie herum einzugehen.

Achtsamkeit bedeutet nicht nur, während der Meditation Frieden zu finden und denselben Frieden zu nutzen, um Ihnen in Ihrem täglichen Leben zu helfen. Wenn Sie bei der Arbeit mit einer stressigen Situation konfrontiert werden, bedeutet bewusstes Reagieren, dass Sie einige tiefe Atemzüge nehmen, um sich zu zentrieren, bevor Sie handeln. Diese Praxis hilft Ihnen, die Herausforderungen des Lebens gelassener anzugehen und mehr Klarheit und Gelassenheit zu finden, anstatt einfach nur impulsiv zu reagieren.

Schwierigkeiten sowie Hindernisse zu finden und sie in der Praxis der Achtsamkeitsmeditation zu überwinden.

In diesem Teil geht es um einige häufige Schwierigkeiten, die bei der Meditationspraxis auftreten. Wir haben praktische Lösungen vorgeschlagen, um diese Hindernisse zu beseitigen: vom Umgang mit ständigen Gedanken bis hin zur Beruhigung von Unruhe und Ungeduld. Sie erhalten einige Werkzeuge, die Ihnen helfen werden, sich den Weg zu einem ruhigen Geist und einer klaren Sicht zu bahnen. Die Achtsamkeitsmeditation ist nicht nur eine Praxis; sie ist eine Lebenseinstellung, die uns hilft, mit den Wechselfällen und Unwägbarkeiten des Lebens umzugehen. Mithilfe der Achtsamkeitsmeditation können wir in jedem Moment Präsenz, Bewusstheit und Gelassenheit kultivieren, indem wir lernen, unseren Einfluss auf das, was sich unserer Kontrolle oder Veränderung entzieht, aufzugeben und uns stattdessen auf das zu konzentrieren, was wir beeinflussen oder genießen können. In den Worten von Wei-ndful Living:

"Loslassen bedeutet nicht aufgeben; es bedeutet, Platz für etwas Besseres zu schaffen".

Die Achtsamkeitsmeditation ist vielleicht nicht einfach, vor allem, wenn Sie damit beginnen, sie zu praktizieren. Zu den größten Hindernissen, mit denen die Menschen konfrontiert sind, gehören Schwierigkeiten, Zeit zu finden, konzentriert zu bleiben und mit dem Unbehagen bei langen Sitzungen umzugehen. Es gibt jedoch Möglichkeiten, diese Probleme zu umgehen: Beginnen Sie mit kurzen Meditationssitzungen, verwenden Sie Entspannungstechniken, die Ihnen helfen, während der Sitzung bequem zu bleiben, und konzentrieren Sie sich jedes Mal, wenn Sie meditieren.

Setzen Sie die Achtsamkeitsmeditation regelmäßig fort; die langfristigen Vorteile lohnen sich.

Achtsamkeit und Meditation in Ihre tägliche Routine zu integrieren, wirkt sich positiv auf die körperliche und geistige Gesundheit aus. Ob durch eine formelle Meditationspraxis oder einfache Achtsamkeitstechniken: Sich die Zeit zu nehmen, sich auf den gegenwärtigen Moment zu konzentrieren, kann zu einem Gefühl des Friedens führen, das viele in ihrem Leben anstreben. Die Achtsamkeitsmeditation ist eine mächtige Technik, die dazu führt, den Frieden in Ihnen zu entdecken und so Ihr gesamtes Wohlbefinden zu sichern. Achtsamkeit in Ihrer täglichen Praxis kann ein Gefühl des Selbstbewusstseins entwickeln und Ihnen helfen, Stress und Angst wirksam zu bewältigen und an Ihrer emotionalen Kontrolle zu arbeiten. Die Vorteile der Achtsamkeitsmeditation sind weitreichend, unabhängig davon, ob Sie sie allein oder im Rahmen eines formellen Programms praktizieren. Die Vorteile der Achtsamkeitsmeditation werden jedoch oft von Schwierigkeiten begleitet, z. B. wenn Sie keine Zeit für die Praxis finden oder sich nicht wohl dabei fühlen. Wir empfehlen Ihnen daher, eine geeignete Methode zur Ausübung der Achtsamkeitsmeditation zu finden, die Ihnen am meisten zusagt.

Die Achtsamkeitsmeditation kann als hervorragende Waffe zur Verbesserung der Gesundheit und zur Steigerung des Selbstbewusstseins angesehen werden. In diesem Zusammenhang sollten Sie ihre Wurzeln, ihre Vorteile und einige grundlegende Übungstechniken erforschen, um Ihre eigene Reise zu Gelassenheit, Konzentration und nicht zuletzt geistiger Klarheit zu beginnen.

Aspekt	Beschreibung	Konkrete Maßnahmen
Definition von Achtsamkeitsmeditation	Die Praxis, sich absichtlich auf den gegenwärtigen Moment zu konzentrieren, ohne zu urteilen.	Auf wohlwollende, nicht-kritische Weise auf die eigenen Empfindungen, Gedanken und Gefühle achten.
Nutzen	Vorteile für die geistige und körperliche Gesundheit.	Stressabbau, Verbesserung der Konzentration, bessere Regulierung der Emotionen, Steigerung des

		allgemeinen Wohlbefindens.
Meditationsumgebung	Schaffen Sie einen Raum, der sich für die Meditation eignet.	Wählen Sie einen ruhigen, gemütlichen Ort mit wenig Ablenkungen. Fügen Sie beruhigende Elemente wie Kerzen oder Kissen hinzu.
Haltung	Die Körperhaltung während der Meditation.	Setzen Sie sich bequem mit geradem Rücken hin und legen Sie die Hände auf die Knie oder in den Schoß.
Atmung	Die Atmung als Anker für die Achtsamkeit nutzen.	Nehmen Sie tiefe, gleichmäßige Atemzüge, konzentrieren Sie Ihre Aufmerksamkeit auf die Bewegung der ein- und ausströmenden Luft.
Praktische Zeit	Die Dauer und Häufigkeit der Meditationssitzungen.	Beginnen Sie mit kurzen Sitzungen von 5 bis 10 Minuten und steigern Sie sich dann allmählich auf 20 bis 30 Minuten pro Tag.

Meditationstechniken	Verschiedene Methoden, um Achtsamkeit zu praktizieren.	Meditation über die Atmung, Körperabtastung, Gehmeditation, auf Geräusche hören, Gedanken beobachten.
Verwaltung von Auszeichnungen	Strategien zum Umgang mit aufdringlichen Gedanken und Ablenkungen während der Meditation.	Erkennen Sie Ablenkungen ohne Bewertung, kehren Sie langsam zum Gegenstand der Konzentration zurück (Atmung, Körperempfindungen).
Anwendungen und Ressourcen	Tools zur Unterstützung der Praxis der Achtsamkeitsmeditation.	Anwendungen wie Headspace, Calm oder Insight Timer verwenden, Online-Kurse besuchen, Bücher über Meditation lesen.
Integration in das Alltagsleben	Wie man Achtsamkeit in die täglichen Aktivitäten einbaut.	Praktizieren Sie Achtsamkeit beim Essen, Spazierengehen, bei der Hausarbeit und bei der Arbeit.

Kapitel 7

Körperliche Entspannungsübungen

Entspannungsaktivitäten, die körperliche Bewegungen wie Gehen oder Schwimmen beinhalten.

Nichts ist besser als ein Spaziergang, wenn der Stress Sie plagt: Er hilft, Spannungen abzubauen und die Gedanken zu erfrischen. Diese Aktivität fördert eine gute Gesundheit und hilft, die Cortisolproduktion zu senken und gleichzeitig den Serotonin- und Dopaminspiegel zu erhöhen, die Neurotransmitter, die für das Glücklichsein verantwortlich sind! Nicht zu vernachlässigen sind die Endorphine, sie lösen sofortige Freude aus, die wie eine Quelle von Energie und positiven Wellen wirkt, wenn Sie in Stressfaktoren ertrinken. Diese Anti-Stress-Diät sollte Teil Ihrer täglichen Routine sein und eine lebenswichtige Ressource für :

- Mehr Wohlbefinden

- Weniger Produktion des Stresshormons (Cortisol)

- Positive Energie entwickeln

- Jeden Tag gute Schwingungen haben

Es hat sich gezeigt, dass Atemübungen eine der grundlegendsten und wirkungsvollsten Methoden sind, um das Nervensystem zu beruhigen, was zu einem entspannten Körper und Geist führt. Sie können an einer Vielzahl von Atemübungen teilnehmen, z. B. an der Tiefen- oder Bauchatmung; wählen Sie diejenige, die Ihnen am besten liegt, aus der Atmung durch abwechselnde Nasenlöcher oder der 4-7-8-Atmung. Die Grundidee ist, langsam, tief und rhythmisch zu atmen, während Sie Ihre Aufmerksamkeit auf Ihre Atmung richten. Machen Sie das so lange, wie Sie sich wohlfühlen, das kann auch nur ein paar Minuten dauern. Ein Beispiel wäre, die Atemtechnik 4-7-8 auszuprobieren, bei der Sie 4 Sekunden lang einatmen, 7 Sekunden lang den Atem anhalten und dann 8 Sekunden lang ausatmen; wiederholen Sie diesen Zyklus viermal und beobachten Sie, wie Sie sich fühlen.

Die Möglichkeiten zur Entspannung sind vielfältig: Spaziergänge, warme Bäder, Musik, persönliche Entspannungsmomente. Wenn Sie nach bestimmten Techniken suchen, die zu einer dauerhaften Entspannung führen, sollten Sie Meditation, Yoga, autogenes Training oder progressive Muskelentspannung in Betracht ziehen. Und hier ist der Trick: Entspannung kann jederzeit erlernt werden. Für den Anfang funktionieren autogenes Training oder progressive Muskelentspannung besonders gut, denn bei diesen beiden Methoden ist die Wahrscheinlichkeit, dass Ihr Geist abdriftet, geringer als bei der Meditationspraxis.

Visuelle Kommunikation ist nicht nur eine Kunst, sondern auch eine Wissenschaft. Es ist von entscheidender Bedeutung, sich mit den Prinzipien und Techniken der Visualisierung vertraut zu machen. Es gibt verschiedene Möglichkeiten, dies zu tun; lesen Sie Bücher und Artikel, sehen Sie sich Videos an oder besuchen Sie Workshops. Zusätzlich zu diesen generischen Quellen können Sie sich von einem Experten beraten lassen, der Ihnen Ratschläge geben kann, die auf Ihre speziellen Bedürfnisse zugeschnitten sind.

Die Visualisierungstechnik ist besonders nützlich für Sophrologiesitzungen. Sie hilft dem Einzelnen, sich selbst besser zu verstehen und sich seiner Gefühle bewusst zu werden. Bei dieser Technik werden Bilder, Farben und Klänge verwendet, die mit bestimmten Ideen und Überzeugungen in Resonanz stehen. Visualisierung ist ein äußerst wirkungsvolles Instrument: Sie kann bei der Bewältigung von Stress helfen oder sogar die Richtung für eine Veränderung im Leben vorgeben. Die Person, die die Sitzung leitet, wird den Einzelnen durch die ersten Übungen führen, um sicherzustellen, dass die Wirkung der Visualisierungen so gut wie möglich gespürt und verstanden wird.

Sophrologie: Eine wirksame Technik mit sichtbaren körperlichen Vorteilen. Wie funktioniert die Methode? Sie müssen Ihre Aufmerksamkeit auf Bilder oder Geräusche richten, die Ihnen helfen, sich vorzustellen, was Sie am Tag erreichen wollen, und dann in sich eine beruhigende Umgebung zu schaffen.

Einen Ort zu schaffen, der der Ruhe gewidmet ist, kann nur eines bedeuten: Entspannung in eine geschäftige Alltagsroutine zu integrieren. Ob es sich um Ihren Arbeitsplatz, einen Besprechungsraum oder Ihr eigenes friedliches Plätzchen unter Bäumen in einem nahe gelegenen Park handelt, entscheiden Sie sich für einen Raum, in dem die Bequemlichkeit mühelos kommt, in dem Störungen unerhört sind (im wahrsten Sinne des Wortes) und in dem Sie meilenweit von der Lärm- und Lichtverschmutzung entfernt sind. Dies ist der erste Schritt, um Ruhe in Ihren täglichen Wandteppich zu integrieren.

Zu Beginn sollten wir einen Ort finden, an dem wir uns wohlfühlen, einen Ort, an dem Gelassenheit in uns wohnt und die Stille von Frieden spricht. Wenn wir diesen Ort gefunden haben, beginnen wir, tief zu atmen - langsam durch die

Nasenlöcher einatmen und dann durch den Mund wieder loslassen. Im Folgenden werden einige Übungen vorgestellt, die angewendet werden können.

Um zur Gewährleistung einer beruhigenden Umgebung beizutragen, erfordert die Schaffung von Innenräumen für Erholungseinrichtungen, in denen die Menschen von Stress und Spannungen auf kognitiver Ebene befreit werden können, eine umfassende Behandlung. Natürliche Komponenten werden zusammen mit neutralen Farbtönen verwendet, um den Geräuschpegel auf Abstand zu halten. Darüber hinaus wird die Kommunikation gefördert und die Umgebungen werden so angepasst, dass sie die Bequemlichkeit erleichtern, was wiederum dafür sorgt, dass man sich in diesen Räumen wohlfühlt.

Wenn Sie gerne Musik hören, könnte Ihnen diese Technik gefallen. Nehmen Sie sich Zeit, um auf Ihrem Lieblingsmusikinstrument zu spielen: Musik hat eine einzigartige beruhigende Wirkung, die bei vielen Menschen nachklingt. Wenn Sie kein Instrument spielen können oder Ihre Entspannung nicht durch Musik erreichen können, kann das Anhören von Instrumentalmelodien Sie ohne viel Aufhebens dorthin führen.

Das Spielen eines Musikinstruments ist in der Tat eine wunderbare Möglichkeit, sich zu entspannen. Seit ich zur Gitarre gegriffen habe, fühle ich mich friedlicher, aber vor allem bin ich mir meiner Umgebung bewusster. Das hat sich wirklich auf mein Leben ausgewirkt, nicht nur in Bezug auf den inneren Frieden, sondern auch, weil ich die Welt um mich herum besser wahrnehme.

Die Heilkraft des Vogelgesangs ist eine erstaunliche Sache. Wenn wir uns der Melodie der Vögel aussetzen, spüren wir in uns ein starkes Gefühl des Friedens, das uns hilft, Stress abzubauen. Es gibt viele Möglichkeiten, Vogelgeräusche in unser Leben einzubeziehen, z. B. in die Natur einzutauchen, Aufnahmen vor Ort zu hören, Vogelsoundgeräte zu verwenden oder an geführten Vogelmeditationen teilzunehmen. Diese Praktiken haben, unabhängig davon, wie wir sie umsetzen wollen, einen großen Einfluss auf unser Wohlbefinden. In den beruhigenden Melodien, die die Vögel singen, finden wir Trost, Ruhe und das Gefühl, stärker mit der natürlichen Welt um uns herum verbunden zu sein.

Entspannende Yogaposen und -dehnungen. Die Befreiung des Körpers von allen Verspannungen wird besonders durch die Yogastellungen (auch Asanas genannt) und die spezifische

Abfolge der Yogaübungen erreicht. Yogastellungen bewirken Entspannung durch systematisches Anspannen und Dehnen von Muskelgruppen; dies führt zu einer tiefen Entspannung.

Yoga ist die Integration von körperlichen Haltungen, Atemtechniken und Meditation, um die Einheit von Körper und Geist zu erreichen. Yoga kann in verschiedenen Positionen praktiziert werden, sei es im Stehen, Sitzen oder Liegen, auf verschiedenen Oberflächen wie einer Matte oder einem Stuhl. Es hilft, die Muskeln im ganzen Körper zu dehnen, die Blutzirkulation zu verbessern, die die Zellen in Ihrem ganzen Körper versorgt, die inneren Organe zu tonisieren, damit sie besser funktionieren, und Gelassenheit und Einheit in sich selbst zu fördern. Eine gute Praxis ist es, sie mit 15- bis 30-minütigen Sitzungen in Ihren Tagesablauf zu integrieren.

Innere Ruhe wird beim Yoga durch verschiedene Techniken erreicht. Diese Entspannungsansätze verschmelzen Asanas (Stellungen) mit Dehnungs- und Atempraktiken, wobei eine kontrollierte Atmung Konzentration und Ruhe fördert, während tiefe Dehnungen Verspannungen in Muskeln, Bändern und Bindegewebe abbauen. Kurz gesagt: Flexibilität und Gelassenheit werden erreicht.

Entspannungsübung	Beschreibung	Konkrete Maßnahmen
Tiefe Atmung	Technik zur Beruhigung des Nervensystems und zum Abbau von Stress.	Langsam durch die Nase einatmen und dabei den Bauch aufblähen, dann langsam durch den Mund ausatmen. Mehrmals wiederholen.
Progressive Muskelrelaxation	Übung zur Entspannung jeder Muskelgruppe des Körpers.	Spannen Sie eine Muskelgruppe 5-10 Sekunden lang an und lassen Sie sie dann los. Beginnen Sie mit den Füßen und arbeiten Sie sich bis zum Kopf vor.
Sanfte Dehnungen	Dehnübungen, um die Muskelspannung zu lockern und die Flexibilität zu verbessern.	Dehnen Sie Arme, Beine, Rücken und Nacken und halten Sie jede Dehnung 15-30 Sekunden lang.
Yoga	Eine Praxis, die Körperhaltungen, Atmung und Meditation für das körperliche und geistige Wohlbefinden kombiniert.	Einer geführten Yogastunde folgen, sich auf Haltungen wie das Kind, den kopfstehenden Hund oder Savasana konzentrieren.
Tai Chi	Sanfte Kampfkunst, die langsame Bewegungen und tiefe Atmung kombiniert, um den Körper zu entspannen.	Besuchen Sie einen Tai-Chi-Kurs oder verfolgen Sie Online-Videos, um die grundlegenden Bewegungen zu lernen.
Selbstmassage	Technik zur Linderung von Muskelverspannungen und zur Förderung der Entspannung.	Verwenden Sie Ihre Hände oder Hilfsmittel wie Massagebälle, um Schultern, Nacken

		und Füße sanft zu massieren.
Geführte Visualisierung	Verwenden Sie beruhigende mentale Bilder, um Körper und Geist zu entspannen.	Schließen Sie die Augen und stellen Sie sich einen friedlichen Ort vor (Strand, Wald), konzentrieren Sie sich auf die sensorischen Details dieses Ortes.
Warmes Bad	Nehmen Sie ein heißes Bad, um die Muskeln zu entspannen und den Geist zu beruhigen.	Fügen Sie Badesalz oder ätherische Öle hinzu, hören Sie sanfte Musik, nehmen Sie sich Zeit, um sich vollständig zu entspannen.
Achtsamkeitsmeditation	Fokussierung der Aufmerksamkeit auf den gegenwärtigen Moment, um Stress abzubauen und die Entspannung zu erhöhen.	Setzen Sie sich bequem hin, schließen Sie die Augen und konzentrieren Sie sich auf die Atmung oder auf Ihre Körperempfindungen.
Übung zur Herzkohärenz	Atemtechnik, um das autonome Nervensystem auszugleichen und Stress abzubauen.	5 Sekunden lang einatmen, 5 Sekunden lang ausatmen, den Zyklus 5 Minuten lang wiederholen.

Kapitel 8

Zeitmanagement und Prioritäten

Zeitmanagement: Entdecken Sie die Geheimnisse der Aufgabenpriorisierung und Produktivitätssteigerung
Eine effektive Zeitkontrolle beurteilen.
Sowohl im persönlichen als auch im beruflichen Umfeld ist ein effektives Zeitmanagement entscheidend für den Erfolg. Es erhöht die Produktivität, wirkt stressabbauend und schärft die Entscheidungsfähigkeit. Beobachten Sie diesen Bereich für eine Diskussion über verschiedene Techniken, die den Weg zu einem effektiven Zeitmanagement ebnen.

Die Kunst des Zeitmanagements ist nicht nur eine wichtige berufliche Fähigkeit; sie ist eine wesentliche Determinante für den persönlichen und beruflichen Erfolg. Eine gute Zeitplanung maximiert die Arbeitsproduktivität - sie hilft, Karriereziele zu erreichen und gleichzeitig Zeit für angenehme persönliche Aktivitäten zu reservieren, die das Leben lebenswert machen. Wir leben in einer Welt, in der die Anforderungen auf persönlicher Ebene genauso umfassend, wenn nicht sogar noch umfassender sind als die auf beruflicher Ebene; daher sollte Zeitmanagement eine wesentliche Fähigkeit sein, die man sich aneignet, denn sie ermöglicht nicht nur intelligentes und effizientes Arbeiten, sondern reduziert auch den Stress, der durch Arbeitsverdichtung und Prokrastination entsteht. Wenn Menschen Zeitmanagementstrategien beherrschen und in ihrer täglichen Routine anwenden, können sie ihre Lebensqualität revolutionieren, indem sie ein harmonisches Gleichgewicht zwischen Arbeit und Privatleben finden und ihr ungenutztes Potenzial in allen Bereichen des Lebens ausschöpfen.

Die Fähigkeit, sich die Zeit einzuteilen, ist nicht nur wichtig, sondern in unserem persönlichen und beruflichen Leben von entscheidender Bedeutung. Wenn wir unsere Zeit gut einteilen, hilft uns das, Aufgaben nach ihrer Wichtigkeit und Dringlichkeit zu priorisieren, was bedeutet, dass wir die Produktivität steigern und gleichzeitig den Stresspegel senken können, ohne Kompromisse bei dem einzugehen, was unsere Aufmerksamkeit erfordert oder was bis später warten kann. In der heutigen Zeit, in der die Anforderungen aufgrund der vielen verfügbaren Ablenkungen rund um uns herum und der begrenzten Zeit, die uns aufgrund der hektischen Welt von heute zur Verfügung steht, immer höher werden, ist das Erlernen eines effektiven Zeitmanagements wichtiger denn je geworden.

Ein Ansatz zur Erlangung der Kompetenz, Prioritäten zu setzen, besteht darin, eine Liste der Aufgaben zu erstellen, die erledigt werden müssen, geordnet nach Wichtigkeit und Unmittelbarkeit. Tools zur Aufgabenverwaltung können Ihnen bei diesem Prozess helfen, indem sie die Prioritäten leicht sichtbar machen und dafür sorgen, dass nichts durch die Maschen fällt.

Es gibt zwei Arten von Kernaufgaben: wichtige und dringende. Sie sollten zuerst erledigt werden, damit Sie Ihre Energie auf die Tätigkeiten mit hohem Mehrwert lenken können. Gleichzeitig sollten Sie es vermeiden, sich von weniger dringenden Aufgaben überwältigen zu lassen.

Das Wesen der Aufgabenpriorisierung besteht darin, die Ebenen entsprechend der Priorität zu identifizieren, was bedeutet, die Wichtigkeit und Dringlichkeit festzustellen. Neben dem Erkennen von Prioritätsstufen für ein effektives Aufgabenmanagement durch Aufgabenpriorisierung bietet dieser Artikel Expertenratschläge und bewährte Verfahren, wie man Entscheidungen in Bezug auf die Arbeitsbelastung treffen kann. Setzen Sie sich glänzende Ziele, um die Effektivität zu steigern.

Das Setzen klarer Ziele ist entscheidend dafür, dass eine Person den vielen Ablenkungen sowie dem Gefühl der Unendlichkeit, das von der Verantwortung zu kommen scheint, begegnen und die Produktivität effektiv gestalten kann. Schreiten Sie voran, um Ihre persönlichen und beruflichen Ziele zu erreichen. Hier kommen Methoden wie die Eisenhower-Matrix zum Einsatz, ein organisierter Ansatz, um Aufgaben nach Priorität sowie nach Wichtigkeit zu sortieren.

Der erste Punkt betrifft die Produktivität. Zeitmanagement führt zu einer höheren Produktivität, da es dabei hilft, Zeit für bestimmte Aufgaben zuzuweisen. Mit ihr kann man eine Liste von Dingen erstellen, die erledigt werden müssen, und dann Prioritäten setzen; das stellt sicher, dass die wichtigsten Aufgaben zuerst erledigt werden. Wenn beispielsweise mehrere Aufgaben zu erledigen sind, wird die Auswahl der wichtigsten Aufgabe und deren Erledigung letztendlich dazu führen, dass die Arbeitsbelastung reduziert und die Produktivität erhöht wird.

Entwickeln Sie SMART-Ziele: spezifisch, messbar, erreichbar, relevant und zeitlich begrenzt. Durch die Entwicklung intelligenter Ziele können Sie Ihr Endziel festlegen und den Fortschritt sowie den Zeitrahmen für die Erledigung von Aufgaben bewerten. Setzen Sie sich z. B. anstelle eines allgemeinen Ziels wie "Hervorragend im Mathematikunterricht" ein Ziel wie "Bis zur Mitte des Semesters mindestens 85 % erreichen", indem Sie in den nächsten zwei Wochen zwei Stunden pro Tag lernen. Ein solch spezifisches und erreichbares Ziel hilft Ihnen, konzentriert zu bleiben, da Sie einen klaren Plan vor Augen haben, der praktisch zu befolgen ist.

Um den heutigen Anforderungen an Produktivität und Effizienz am Arbeitsplatz gerecht zu werden, werden Zeitmanagement-Tools immer mehr zu einem festen Bestandteil der Geschäftspraktiken. Einige Visionäre im Unternehmensbereich betrachten die Einbeziehung dieser zeitzentrierten Werkzeuge als Mittel zur Rationalisierung der täglichen Teamdynamik und fördern damit ein Umfeld, in dem das Erreichen der gesetzten Ziele denkbar und leicht möglich ist.

Eine todsichere Methode der Zeitkontrolle für Unternehmer ist die Verwendung von Zeitmanagement-Gadgets und -Anwendungen, um Aufgaben zu rationalisieren, den Fortschritt zu verfolgen und die Optimierung der Arbeit zu fördern. Es gibt verschiedene Arten davon, jede hat ihre eigenen Fähigkeiten und Vorteile. Einige helfen bei der Ausarbeitung alltäglicher Projekte; andere kommen zur Hilfe, um bestimmte Ziele zu erreichen, wie etwa die Produktivität zu steigern oder Aufmerksamkeitsstörungen zu verbannen. Aber werfen wir einen Blick auf die Crème de la Crème: beliebte Zeitmanagement-Tools und -Anwendungen, die versprechen, Ihr Produktionsniveau als

Unternehmer zu steigern. Folgen Sie uns auf diese informative Reise, auf der wir Ihnen diese Elemente vorstellen und Ihnen Tipps für ihren sinnvollen Einsatz geben werden.

Vereinbarkeit von Arbeit und Privatleben

Das Erreichen einer optimalen Work-Life-Balance ist keine einmalige Aufgabe, sondern ein kontinuierlicher Weg, der Wachsamkeit und die Vorbereitung auf Veränderungen erfordert. Die oben genannten Techniken können hilfreich sein, aber bedenken Sie ihre Subjektivität: Die Klicks, die jemand macht, können für Sie ohne Folgen bleiben. Spielen Sie mit verschiedenen Methoden; lassen Sie sie sich an Ihr Szenario und Ihre individualistischen Vorlieben anpassen. Jeder Ansatz zum Zeitmanagement (und damit zum Lebensmanagement) muss mit Ihren Grundüberzeugungen in Resonanz gehen: Sie zu Zufriedenheit und Symmetrie in allem, was Sie tun, zu führen.

Viele Arbeitnehmer haben Schwierigkeiten, Arbeit und Privatleben miteinander zu vereinbaren, insbesondere in Kontexten, in denen sie aus der Ferne arbeiten. Einige effektive Taktiken des Zeitmanagements, die dabei helfen, ein Gleichgewicht zwischen den Anforderungen Ihres Berufslebens und den Verpflichtungen in Ihrem Privatleben herzustellen, werden hier besprochen.

Um ein Gleichgewicht zwischen Beruf und Familie zu finden, müssen Sie klare Grenzen zwischen den beiden Bereichen ziehen und Ihren Zeitplan so gestalten, dass er den Anforderungen beider Seiten gerecht wird. Lassen Sie sich auf eine offene Kommunikation mit Ihren Familienmitgliedern über Ihre beruflichen Verpflichtungen ein; versuchen Sie, anpassungsfähige Strategien zu entwickeln, die es Ihnen ermöglichen, den Bedürfnissen beider Seiten gerecht zu werden und gleichzeitig Zeit füreinander zu finden.

Aspekt	Beschreibung	Konkrete Maßnahmen
Setzen von Zielen	Bestimmen Sie, was Sie kurz- und langfristig erreichen wollen.	Verwenden Sie die SMART-Methode (Spezifisch, Messbar, Erreichbar, Realistisch, Zeitlich definiert), um Ihre Ziele zu definieren.
Planung	Organisieren Sie Ihren Tagesablauf, um Ihre Ziele zu erreichen.	Verwenden Sie einen Terminkalender, einen Kalender oder eine Zeitmanagementanwendung, um Ihre täglichen und wöchentlichen Aufgaben zu planen.
Priorisierung	Identifizieren Sie die wichtigsten Aufgaben und erledigen Sie diese zuerst.	Verwenden Sie die Eisenhower-Matrix, um Aufgaben nach ihrer Dringlichkeit und Wichtigkeit zu ordnen.
Aufgaben zerlegen	Große Aufgaben in kleinere,	Erstellen Sie detaillierte Aufgabenlisten und weisen Sie

	überschaubare Teilaufgaben aufteilen.	den einzelnen Teilaufgaben Fristen zu.
Verwaltung von Unterbrechungen	Minimieren Sie Ablenkungen und Unterbrechungen, um konzentriert zu bleiben.	Richten Sie unterbrechungsfreie Zeitfenster ein, schalten Sie unwichtige Benachrichtigungen aus, verwenden Sie Techniken wie Pomodoro.
Delegation	Übertragen Sie bestimmte Aufgaben an andere, um Zeit für vorrangige Aufgaben freizumachen.	Ermitteln Sie, welche Aufgaben Sie delegieren können, und finden Sie die geeignete Person oder das geeignete Team, um diese Aufgaben zu übernehmen.
Gleichgewicht zwischen Arbeit und persönlichem Leben	Halten Sie ein Gleichgewicht zwischen beruflichen und persönlichen Verpflichtungen.	Klare Grenzen zwischen Arbeits- und persönlicher Zeit setzen, Entspannungs- und Freizeitaktivitäten planen.
Überprüfung und Anpassung	Überprüfen Sie regelmäßig Ihre Prioritäten und passen Sie Ihre Pläne entsprechend an.	Wöchentliche Überprüfung Ihrer Fortschritte, Anpassung Ihrer Ziele und Ihres Zeitplans an die Ergebnisse und unvorhergesehene Ereignisse.
Automatisierung	Werkzeuge und Technologien einsetzen, um sich wiederholende Aufgaben zu automatisieren.	Projektmanagementsoftware, Erinnerungshilfen, Anwendungen zur Aufgabenverwaltung und Online-Kalender nutzen.
Ausbildung und persönliche Entwicklung	Investieren Sie in Fähigkeiten und Schulungen, um Ihre Effizienz zu steigern.	Kurse zum Thema Zeitmanagement besuchen, Bücher über Produktivität lesen, an Workshops und Seminaren teilnehmen.

Kapitel 9

Die Rolle der körperlichen Aktivität

Körperliche Aktivität spielt eine wichtige Rolle. Bewegung kann sich positiv auf die psychische Gesundheit auswirken.

Körperliche Aktivität ist ein wichtiger Faktor, der sich positiv auf unsere geistige Gesundheit auswirkt. Zu den Vorteilen von Bewegung für den Geist gehören die Freisetzung von Endorphinen und der Abbau von Stress, eine bessere Schlafqualität, ein höheres Selbstwertgefühl und gute soziale Interaktionen. Es ist wichtig, ein aktives Leben zu führen und an Aktivitäten teilzunehmen, die uns Spaß machen: So können wir erkennen, wie sehr Bewegung zu unserem ganzheitlichen Wohlbefinden beiträgt.

Körperliche Aktivität ist kein Ersatz für verschreibungspflichtige Medikamente oder Psychotherapie, aber sie kann helfen, die Symptome zu lindern und die Wirkung der Medikamente zu verstärken; selbst ein ängstlicher Geist kann von einer Trainingseinheit profitieren, wenn er gute Gewohnheiten beibehält. Sehen wir uns an, wie regelmäßiges Training bei psychischen Problemen helfen kann.

Bewegung ist mehr als nur Fitness und Gewichtsverlust. Ihre Rolle für die psychische Gesundheit ist sehr wichtig: Körperliche Aktivität löst die Produktion von Endorphinen aus, die oft als "Wohlfühlhormone" bezeichnet werden, was zu einer besseren Stimmung und einem geringeren Stresspegel führt. Viele Menschen greifen zum Essen, wenn sie gestresst oder ängstlich sind, weil Essen ihnen hilft, ihre emotionale Belastung zu verringern - ebenso wie die Symptome von Depressionen; alles Faktoren, die zur Gewichtszunahme beitragen oder die Bemühungen, Gewicht zu verlieren, behindern. Der Text betont die Bedeutung regelmäßiger Bewegung für Menschen, denen es schwerfällt, alternative Methoden zur Bewältigung ihrer Emotionen zu finden und so den Gebrauch von beruhigenden Nahrungsmitteln einzuschränken.

Die Auswahl geeigneter Aktivitäten

Bei der Wahl einer körperlichen Aktivität sollten Ihre Vorlieben oder Abneigungen, die verfügbare Zeit und der Betrag, den Sie sich leisten können, berücksichtigt werden. Obwohl einige Optionen teurer sein können als andere, bieten Kurse, die von einem qualifizierten Trainer geleitet werden, mehr Vorteile, was sich auf lange Sicht lohnen kann. Sportarten im Freien sind billiger, erfordern aber Vorbereitungszeit: Letztendlich ist die beste Option diejenige, die Ihren Bedürfnissen entspricht und gut zu Ihrem Lebensstil passt.

Regelmäßige körperliche Aktivität wäre ohne Spaß nicht vollständig; daher ist es wichtig, eine Aktivität zu wählen, die Ihnen Spaß macht. Wenn das Treten in die Pedale Ihr Boot nicht zum Schwimmen bringt, sollten Sie sich nicht dazu zwingen, ein stationäres Fahrrad für den Gebrauch in geschlossenen Räumen zu kaufen. Entscheiden Sie sich für eine andere Outdoor-Aktivität, die Ihren Vorlieben entspricht: Wählen Sie Spaß statt monotoner Bewegung und machen Sie es zu einer angenehmen Zeit statt einer lästigen Pflicht.

Bewegung und körperliche Aktivität spielen eine zentrale Rolle bei der Vereinbarkeit von Beruf und Privatleben; daher muss ihr Platz innerhalb der täglichen Übung gesichert sein. Die Optionen sind endlos: von der Anmeldung in einem Fitnessstudio bis hin zum Abklappern des Bürgersteigs oder sogar dem Orchestrieren eines Heimtrainings. Damit das funktioniert, sollten Sie eine

Option finden, die in Ihren Tagesablauf passt, indem Sie sie an Ihre Routine gewöhnen und die Früchte genießen, die die Bewegung für das allgemeine Wohlbefinden trägt.

Zu den Aktivitäten, die die Entspannung fördern und Teil Ihrer täglichen Routine sein können, gehören Tanzen oder Gartenarbeit. Golf spielen oder Yoga sind weitere Optionen, ebenso wie Staubsaugen oder Treppensteigen. Einkaufen, Tüten tragen oder mit dem Hund spazieren gehen sind ebenfalls wohltuende Aktivitäten. All diese Dinge tragen dazu bei, die körperliche Beweglichkeit der Gelenke und Muskeln zu verbessern.

Unsere Lebensqualität kann sich stark verändern, wenn wir Bewegung in unser Tagesprogramm einbauen. Bewegung fördert die Freiheit und die Bewegung, sodass wir unsere täglichen Aktivitäten leicht und geschickt ausführen können. Darüber hinaus verbessert regelmäßige Bewegung unsere Selbstwahrnehmung, was sich positiv auf das Körperbild auswirkt und das Selbstbewusstsein stärkt, was wiederum weitere psychologische Vorteile mit sich bringt. Körperliche Aktivität vermittelt ein Gefühl der Erfüllung, da wir uns Ziele setzen, indem wir die Fortschritte im Laufe der Zeit beobachten; kleine Leistungen wie das Erreichen neuer persönlicher Rekorde im

Laufen oder das Beherrschen komplexer Yogaposen führen zu Zufriedenheit und einem Gefühl der Erfüllung, unabhängig von den anderen Aspekten des Lebens, die es wert sind, an sich selbst geschätzt zu werden und keinen Vergleich mit anderen brauchen, um bestätigt zu werden.

Die Ausübung von Gruppensportarten kann viele Vorteile mit sich bringen.

Gruppensportarten bieten einen zusätzlichen Vorteil, da sie die Bewegung fördern und zum Gewichtsmanagement beitragen. Sie lassen sich leicht in ein geeignetes Programm mit entsprechender Ernährung integrieren. Die unter Gleichaltrigen empfundene kollektive Energie sorgt dafür, dass auch weniger motivierte Menschen von den Übungen profitieren; als solche entwickeln sie allmählich die Gewohnheit, sich fit zu halten. Das bedeutet: Wenn es Ihnen schwerfällt, sich zu motivieren, wenn Sie allein in einem Fitnesscenter trainieren, kann es hilfreicher sein, sich auf einen Mannschaftssport einzulassen!

Spricht die Kraft der Einheit zu Ihnen? Es stimmt zwar, dass man manchmal alleine schneller ist, aber oft kann man gemeinsam viel weiter kommen! Das gilt auch für den Sport! Die Gruppendynamik wirkt sich positiv auf die Motivation jedes

Einzelnen aus. Es ist daher empfehlenswert, Sport in einem Verein, einem Verband oder auch in einer informellen Gruppe von Menschen zu treiben. Durch eine solche Aktivität werden Barrieren, die auf Sprache, Alter, Geschlecht oder Kultur beruhen, wahrscheinlich abgebaut oder verschwinden ganz. Wenn Sie sich Ihren Partnern gegenüber verantwortlich fühlen, wird Sie das inspirieren. Es ist weniger wahrscheinlich, dass Sie Ihre eigenen Ziele "aufgeben", weil andere von Ihnen abhängig sind.

Einige Mannschaftssportarten stärken die Kameradschaft. Sport ist ein verbindender Faktor, der das Vertrauen zwischen den Menschen fördert, die als Teamkollegen zusammenarbeiten. Das durch solche Aktivitäten entwickelte Gefühl der Zugehörigkeit zu einem Kollektiv kann sich auch auf den Alltag auswirken und so zu einem selbstbewussteren Verhalten führen.

Forschung über die psychologischen Vorzüge von Bewegung und Sport

Regelmäßige körperliche Betätigung hat nachweislich einen positiven Einfluss auf unsere geistige Gesundheit und unsere psychische Verfassung. Wie genau Bewegung die Stimmung verbessert, ist nicht ganz klar, aber es ist bekannt, dass regelmäßige körperliche Aktivität zur Freisetzung von Endorphinen führen kann; dies hilft, Stress abzubauen und gesunde Schlafgewohnheiten zu fördern, die letztlich die Stimmung eines Menschen verbessern. Obwohl einige Beweise darauf hindeuten, dass körperliche Betätigung auch bei der Behandlung von Depressionen und anderen psychischen Störungen wirksam sein könnte, bietet dies keine vollständige Garantie, so gering sie auch sein mag.

Die Vorteile von Sport werden seit langem mit der Verbesserung der psychischen Gesundheit in Verbindung gebracht: Zahlreiche Forschungsarbeiten haben insbesondere die Stimmung und das Selbstwertgefühl identifiziert.

Sport kann, wenn er richtig gemacht wird, ein Segen für die geistige Gesundheit sein; wenn man jedoch ins Extreme geht, könnte er mehr schaden als nützen. Für einen gesunden Menschen könnte der Hauptnutzen lediglich in der Prävention liegen. Für Menschen, die mit leichten bis mittelschweren emotionalen Turbulenzen zu kämpfen haben, kann körperliche Betätigung jedoch einen gewissen therapeutischen Wert haben. Wenn sie in einer Gruppe durchgeführt wird, ebnet sie den Weg für eine soziale Neuausrichtung und stärkt bestehende soziale Bindungen. Und interessanterweise können selbst scheinbar banale Details (wie Modus oder Intensität) eines Übungsprogramms eine zentrale Rolle bei der Bestimmung seiner psychologischen Auswirkungen spielen, wobei vielen dieser bislang unerforschten Aspekte nur wenig Aufmerksamkeit geschenkt wird. Im Wesentlichen wird die Qualität der zu erwartenden Lichtveränderungen in Ihrem Geist auch von Themen beeinflusst, die tief im Schatten der Unwissenheit ertrinken: die biologischen und psychologischen Mechanismen, die Bewegung mit Stimmung und psychischer Gesundheit verbinden.

Rolle der körperlichen Aktivität	Beschreibung
Verbesserung der kardiovaskulären Gesundheit	Stärkt das Herz und die Blutgefäße, verringert das Risiko von Herzerkrankungen.
Gewichtskontrolle	Hilft bei der Aufrechterhaltung eines gesunden Körpergewichts, indem es Kalorien verbrennt und den Stoffwechsel steigert.
Stärkung der Muskeln	Baut Kraft und Muskelmasse auf, verbessert die Körperhaltung und die Körperstabilität.
Erhöhung der Ausdauer	Erhöht die Fähigkeit, körperliche Aktivitäten über längere Zeiträume hinweg ohne Ermüdung durchzuführen.
Abbau von Stress und Ängsten	Setzt Endorphine, Hormone des Wohlbefindens, frei und senkt den

	Spiegel des Stresshormons Cortisol.
Verbesserung des Schlafs	Fördert eine bessere Schlafqualität, reduziert Schlaflosigkeit und verbessert den Schlaf-Wach-Zyklus.
Stärkung des Immunsystems	Stimuliert das Immunsystem, wodurch das Risiko von Infektionen und Krankheiten verringert wird.
Prävention von chronischen Krankheiten	Reduziert das Risiko von Typ-2-Diabetes, Bluthochdruck und bestimmten Krebsarten.
Verbesserung der Stimmung	Erhöht die Produktion von Neurotransmittern, die mit Euphorie und Entspannung in Verbindung gebracht werden, wie Serotonin und Dopamin.
Förderung des geistigen Wohlbefindens	Reduziert die Symptome von Depressionen und Angstzuständen, steigert das Selbstvertrauen und das Selbstwertgefühl.

Kapitel 10

Atemtechniken und Herzkohärenz

Sich verbessern: Vertiefung der Atemarbeit und der Herzkohärenz zur Stressbewältigung

Die Essenz des Wohlbefindens und der Stressbewältigung.

Seien Sie bei der Anwendung der Herzkohärenz vorsichtig, denn sie ist ein wirksames Mittel zur Verbesserung Ihres Wohlbefindens. Passen Sie die Praxis an Ihre persönlichen Bedürfnisse an und achten Sie darauf, dass Sie Ihre Gesundheit und Sicherheit nicht vernachlässigen, ohne vorher einen professionellen Arzt zu konsultieren.

Jeden Tag ist es von entscheidender Bedeutung, dass Sie sich Zeit nehmen, um sich auf Ihre Gesundheit und Ihr allgemeines Wohlbefinden zu konzentrieren. Bewusstes Atmen ist vorteilhaft, ganz gleich, ob Sie Stress abbauen, Ihre geistige Schärfe verbessern, Ihre Arbeitsproduktivität steigern oder sich auf den Schlaf vorbereiten möchten. Wenn Sie eine kompatible Garmin

Smartwatch besitzen, können Sie an der Aktivität Atmen teilnehmen, bei der Sie drei verschiedene Atemtechniken erlernen können: Ruhe, Kohärenz, Entspannung und Konzentration.

Löst Druck und Anspannung: Die Herzkohärenz sticht unter den Techniken zum Abbau von Stress und Angst hervor. Sie wirkt auf das autonome Nervensystem und bewirkt einen Zustand der Ruhe und Gelassenheit, der dabei helfen kann, die Herausforderungen des Alltags zu bewältigen.

Studieren Sie eine alternative Therapie durch Atemtechniken für das Wohlbefinden.

Atemarbeit ist eine Kunst, die Atmung zu nutzen, um die körperliche Fitness und den psychologischen Zustand zu verbessern. Es gibt verschiedene Techniken, die unter die Arbeit mit der Atmung fallen, darunter die Tiefenatmung, Pranayama und die AUM-Atmung. Der Hauptzweck der Atmung besteht darin, sie zu kontrollieren und die Aufmerksamkeit auf sie zu richten; diese Praxis kann bei der Stressbewältigung (durch Kontrolle der Art und Weise, wie Sie atmen) und bei der Entspannung von Geist und Körper helfen.

Um am Leben zu sein, ist die Atmung der grundlegende Teil, an den wir nicht denken; sie dient als Brücke zur Lebenskraft und liegt unserer körperlichen und geistigen Gesundheit zugrunde. Achtsame Atemtechniken stellen einen Ansatz vor, durch den wir eine Verbindung zu unserer Atmung herstellen, unsere Gedanken und Gefühle erkennen und dann daran arbeiten können, Ruhe und inneren Frieden zu erreichen. Diese Praxis wird von vielen Menschen als Mittel zur Bewältigung von Stress, Angst und Depressionen eingesetzt - alles Faktoren, die zu einer optimalen Verbesserung des Wohlbefindens und der Gesundheit beitragen.

Bei der Suche nach Gelassenheit und Frieden ist die Beherrschung der Atmung von entscheidender Bedeutung. Die Atmung ist elementar: Sie hält uns am Leben, indem sie unseren Körper mit Sauerstoff versorgt und Abfallprodukte ausstößt. Ihre Bedeutung geht jedoch über die bloße Physiologie hinaus; die Freisetzung geistiger, emotionaler und körperlicher Wohltaten hängt davon ab, wie bewusst wir atmen. Von alten Traditionen wie Yoga bis hin zu zeitgenössischen Stressabbaupraktiken wurde diese einfache Handlung zu allen Zeiten auf der ganzen Welt gelobt. Lassen Sie uns nun die tiefgreifenden Auswirkungen erforschen, die das bewusste Atmen auf unser ganzheitliches Wohlbefinden haben kann. Wir werden dieses Konzept aus verschiedenen Blickwinkeln betrachten und Ihnen Informationen an die Hand geben, die Ihnen helfen können, Ihr ungenutztes Potenzial durch die Beherrschung der Kunst: des Atmens zu entdecken.

Spezielle Atemübungen können zu jeder Tageszeit durchgeführt werden. Nehmen Sie sich nach dem Aufwachen, während Ihrer Mittagspause oder sogar vor dem Schlafengehen einen Moment Zeit, um eine Verbindung zu Ihrer Atmung herzustellen. Diese Techniken wie die Atmung mit wechselnden Nasenlöchern, die Quadratatmung oder die Herzkohärenz helfen, Ihr Nervensystem auszugleichen, was Ihr Wohlbefinden gewährleistet.

Die Beherrschung der Konzentration durch den Einsatz von Atemtechniken ist sehr vorteilhaft. Strategien wie Zwerchfellatmung, Schachtelatmung, Atmung durch abwechselnde Nasenlöcher oder das Zählen von Atemzügen sind hervorragende Möglichkeiten, Stress abzubauen, ruhig zu bleiben und so Ihre Konzentrationsfähigkeit zu verbessern. Versuchen Sie, diese Praktiken in Ihre tägliche Routine einzubauen und sehen Sie, wie sie Ihnen helfen können, Ihre Konzentrationsfähigkeit zu zähmen; seien Sie erstaunt über ihre zielsteuernde Kraft.

Die Transformation unserer Erfahrungen und das Erzielen bemerkenswerter Ergebnisse durch einfache Techniken liegt in unserer Hand, sei es, dass wir uns vor einem Ereignis die Zeit nehmen, tief durchzuatmen, spezielle Atemübungen zu machen oder sogar einige Pausen in unseren Tag einzubauen.

Untersuchungen haben ergeben, dass sich eine häufige Beschäftigung mit Herzkohärenz positiv auf verschiedene Gesundheitsprobleme auswirken kann: Stress, Angstzustände, Depressionen und sogar einige chronische Krankheiten wie Bluthochdruck. Andererseits ist erwiesen, dass Herzkohärenz die Konzentrationsfähigkeit verbessert: Sie schärft auch die Entscheidungsfähigkeit und die geistige Schärfe. Diese Vorteile sind besonders nützlich in Umgebungen mit hohem Druck, wie am Arbeitsplatz oder in der Schule.

Eine wirksame Grundlage für den Umgang mit Angst durch Bewegung wird von Dr. Charly Cungi, Psychiater und Stressexperte, vorgestellt. Diese Techniken werden in seiner Publikation "Herzkohärenz, neue Techniken zur Stressbewältigung" ausführlicher erläutert.

Willkommen auf einer Seite, die Ihnen helfen soll, sich bei Panik zu beruhigen! Wir sind uns bewusst, dass es für Sie manchmal sehr schwierig sein kann, mit Emotionen umzugehen, die ihren eigenen Kopf haben und Sie ängstlich, gestresst oder sogar panisch werden lassen. Machen Sie sich jedoch keine Sorgen: Wir sind mit einigen wertvollen Methoden für Sie da, die von Techniken wie Atemübungen, Achtsamkeit und Selbstmitgefühl abgeleitet sind. Wenn Sie diese Praktiken in Ihre tägliche Routine integrieren, werden Sie in der Lage sein, geschickt mit Überreaktionen umzugehen und sie abrupt in ihrem Lauf zu stoppen.

Atemtechniken können in einer Vielzahl von Situationen, denen wir in unserem täglichen Leben begegnen, praktische Anwendung finden. Lassen Sie mich dies anhand einiger Beispiele verdeutlichen: Eine dieser Techniken ist die von Dr. Andrew Weil propagierte 4-7-8-Atmung. Atmen Sie durch die Nasenlöcher ein und zählen Sie langsam bis 4, halten Sie den Atem an und zählen Sie bis 7, dann lassen Sie ihn durch den Mund los und zählen Sie "von eins bis acht". Diese Technik wird häufig verwendet, um Entspannung zu erreichen und Schlaflosigkeit wirksam zu bekämpfen. Lassen Sie mich nun ein weiteres Beispiel vorstellen: die Atemtechnik der abwechselnden Nasenlöcher, die ihre Wurzeln tief in der Yogapraxis hat. Sie zielt darauf ab, die linke und rechte Gehirnhälfte (die für logisches und kreatives Denken zuständig sind) ins Gleichgewicht zu bringen und so für geistige Klarheit und harmonische Gedanken zu sorgen.

Erwägen Sie gegebenenfalls, auf Unterstützung zurückzugreifen: Um im Rhythmus zu bleiben, können Sie einen Wecker oder sogar mobile Anwendungen verwenden, die speziell für die Anleitung zur Herzkohärenz entwickelt wurden. Diese Hilfen können visuelle Anhaltspunkte oder akustische Aufforderungen bieten, die das Üben erleichtern.

Darüber hinaus stehen Ressourcen wie Online-Videos oder mobile Anwendungen zur Verfügung, die beim Erlernen und Üben der Herzkohärenz helfen. Sie bieten detaillierte Anleitungen zu den geführten Atemtechniken, sodass Anfänger leicht aufholen und ebenfalls mit der Praxis beginnen können.

Ziel dieses Leitfadens ist es, Sie mit dem nötigen Wissen und den Ressourcen auszustatten, die Ihnen die Übernahme dieses effektiven Verfahrens in den Alltag erleichtern, unabhängig davon, ob Sie Anfänger oder mit Atem- und Meditationstechniken vertraut sind, wobei die Herzkohärenz durch die Forschung als einfacher Weg zum Erreichen eines Zustands maximalen Wohlbefindens nachgewiesen wurde.

Die Transformation ist in Ihrer Reichweite. Haben Sie sich schon einmal überlegt, wie mächtig etwas so Einfaches sein kann? Konsequenz ist das Geheimnis! Wenn Sie in der Morgen- und Abenddämmerung trainieren, erwarten Sie deutliche Unterschiede im Umgang mit Stress: Die Qualität des Schlafs und sogar Ihre allgemeine Stimmung werden positiv beeinflusst.

Indem Sie betonen, dass das Hauptelement der Herzkohärenz die Regelmäßigkeit der Übungen ist, notieren Sie bitte, wie oft Sie sie durchführen. Es ist am besten, die Sitzungen regelmäßig, möglichst täglich, durchzuführen, da dies dazu beiträgt, die Technik in Ihre täglichen Gewohnheiten zu integrieren und das Beste aus ihr zu machen. Wie kurz es auch sein mag, wenn Sie jeden Tag auch nur ein paar Minuten dieser Übung widmen, kann dies Ihre körperliche Verfassung sowie Ihren emotionalen und mentalen Zustand stark beeinflussen.

Technik	Beschreibung
Abdominale Atmung	Tiefe Atemtechnik, bei der sich der Bauch beim Einatmen ausdehnt und beim Ausatmen zusammenzieht, was die Entspannung fördert und Stress abbaut.
Atmung 4-7-8	Atemtechnik, bei der man 4 Sekunden lang durch die Nase einatmet, 7 Sekunden lang den Atem anhält und dann 8 Sekunden lang durch den Mund ausatmet. Dies fördert die Entspannung und die Regulierung des Nervensystems.
Quadratische Atmung (4x4)	Ausgewogene Atemtechnik, bei der in gleichen Abständen eingeatmet, der Atem angehalten,

	ausgeatmet und wieder angehalten wird, was Entspannung und emotionale Stabilität fördert.
Wechselatmung (Nadi Shodhana)	Yogische Atemtechnik, bei der die Nasenlöcher beim Ein- und Ausatmen abwechseln, wodurch die Energien im Körper ausgeglichen und die geistige Klarheit gefördert werden.
Zwerchfellatmung	Eine tiefe Atemtechnik, bei der mithilfe des Zwerchfells tief in die Lunge eingeatmet wird, was eine effizientere Atmung und Entspannung fördert.
Cardiac Coherence Technique	Atemtechnik, bei der in einem bestimmten Rhythmus (normalerweise 6 Atemzüge pro Minute) synchron mit dem Herzschlag geatmet wird, was die Regulierung des Nervensystems und den Stressabbau fördert.
Ruhige und tiefe Atmung	Atemtechnik, die sich auf langsame und tiefe Atemzüge konzentriert, wobei der Schwerpunkt auf der Ausdehnung des Brustkorbs und des Bauches liegt, was Entspannung und geistige Ruhe fördert.
Atmung 3-3-6	Eine Atemtechnik, bei der man 3 Sekunden lang einatmet, 3 Sekunden lang den Atem anhält und dann 6 Sekunden lang ausatmet. Dies fördert die Entspannung und den Stressabbau.
Atmung der Ausatmungspause	Atemtechnik, bei der nach dem Ausatmen eine Pause gemacht wird, die die Entspannung fördert und das Nervensystem entspannt.
Tiefe und langsame Atmung	Atemtechnik, die langsame und kontrollierte Atemzüge beinhaltet und sich auf die maximale Ausdehnung von Lunge und Bauchraum konzentriert, wodurch Entspannung und geistige Klarheit gefördert werden.

Kapitel 11

Sich selbst einschätzen und sich anpassen

Erkennen Sie den Wert des Selbstbewusstseins.

Im Bereich des persönlichen Wachstums und der persönlichen Entwicklung ist nichts so wichtig wie das Selbstbewusstsein. Es ermöglicht Ihnen, sich selbst gründlich zu kennen - Ihre Stärken, Schwächen, Werte, Überzeugungen und sogar die Emotionen, die Ihre Handlungen lenken, zu verstehen. Durch den Einsatz von Leistungscoaching bei der Beurteilung können Einzelpersonen ihr Selbstwertgefühl steigern und herausfinden, was sie wirklich sehen können. Dies sind einige Möglichkeiten, wie Leistungscoaching zum Selbstbewusstsein sowie zum persönlichen Wachstum beitragen kann.

Die persönliche Entwicklung und der persönliche Fortschritt hängen vom Selbstbewusstsein ab; dem Wissen um unsere Gedanken, Gefühle und Handlungen. Dies ermöglicht uns, rational zu handeln, was uns hilft, bessere Entscheidungen zu treffen und gute Beziehungen zu anderen aufzubauen. Viele Hindernisse halten den Einzelnen davon ab, diese lebenswichtige Fähigkeit zu erwerben. Hier betrachten wir einige häufig auftretende Hindernisse, die dem Selbstbewusstsein im Wege stehen, und schlagen Taktiken vor, um sie zu überwinden.

Selbstbewusstsein ist sehr wichtig. Es bedeutet, dass man sich selbst gründlich kennt: seine Gedanken, seine Gefühle, seine Stärken und Schwächen und sogar seine Werte. Wenn Menschen diese Art von Bewusstsein entwickeln, verstehen sie, warum sie sich so verhalten, wie sie es tun, und warum sich bestimmte Muster immer wieder wiederholen. Dadurch können sie bewusste Entscheidungen darüber treffen, was sie in Zukunft tun wollen, und dabei ihre Ziele und Werte im Auge behalten.

Vorteile für das Denken und die Anpassung, die zu einer Verbesserung des Selbstbewusstseins führen

Selbstbewusstsein ermöglicht es den Menschen, sich auf Introspektion - einen Prozess des Blicks in das eigene Innere - und Selbstreflexion einzulassen.

Wenn Menschen sich die Zeit nehmen, über ihre Gedanken, Gefühle und Handlungen nachzudenken; können sie wertvolle Perlen der Weisheit über ihre Motive, Überzeugungen und Werte erwerben.

Die Praxis der Selbstreflexion kann zu persönlichem Wachstum führen (ein endloser Prozess) sowie zur Identifizierung von Bereichen, die Arbeit erfordern.

Es ist bekannt, dass die Selbstbeobachtung ein sehr wirksames Mittel ist, um sich selbst zu erkennen. Dies können wir erreichen, indem wir unsere Erfahrungen, Gedanken und Gefühle untersuchen. Dadurch können wir unsere Beziehungen zur Außenwelt besser verstehen und uns lateral entwickeln - das kann das Führen eines Tagebuchs, Meditation oder kurze tägliche Pausen beinhalten. Selbstreflexion ermöglicht es uns, Verhaltensmuster in uns selbst zu sehen, Wachstumspunkte zu identifizieren und mehr Einfühlungsvermögen und Verständnis für andere zu fördern.

Das erste Prinzip ist das Selbstbewusstsein. Das bedeutet, dass die Menschen durch die reflexive Praxis lernen, was sie denken und fühlen. Indem sie über ihre Handlungen nachdenken, können sie erkennen, wo sie hervorragend sind und wo sie sich verbessern müssen, was ihnen am meisten bedeutet und sogar, welche Bereiche ihres Lebens Arbeit erfordern. Ein Beispiel wäre ein Lehrer, der über einen schwierigen Tag im Unterricht nachdenkt und erkennt, dass Ungeduld aufkommt, wenn die Schüler ein Konzept nicht schnell genug verstehen; eine solche Erkenntnis ermöglicht es dem Lehrer, bewusst Geduld und Einfühlungsvermögen mit den Lernenden zu kultivieren.

Strategien zur Verbesserung des Selbstbewusstseins durch so genannte Reflexion und Anpassung.

Die Übernahme dieser Strategien in Ihre tägliche Routine kann Ihr Selbstbewusstsein stark verbessern. Denken Sie daran, dass Selbstbewusstsein eine lebenslange Reise ist, die kontinuierliche Anstrengungen und Übung erfordert. Indem Sie sich verpflichten, sich Zeit zum Nachdenken zu nehmen und um Feedback zu bitten; das Sie nutzen sollten, um sicherzustellen, dass Sie in der Lage sind, sich auf eine Selbstreflexion einzulassen; werden Sie in der Lage sein, eine bessere Vorstellung davon zu entwickeln, wer Sie sind, von Ihren Emotionen und Ihrem Verhalten, was zu Wachstum und Zufriedenheit führt.

Eine der wichtigsten Maßnahmen zur Verbesserung des Selbstbewusstseins besteht darin, über Ihre Emotionen nachzudenken. Überlegen Sie, wie Sie sich in verschiedenen Szenarien fühlen, und versuchen Sie herauszufinden, was diese Gefühle auslöst. Wenn Sie Angst empfinden, wenn Sie vor einem Publikum sprechen, suchen Sie nach dem Grund für diese Angst. Ist es die Angst davor, beurteilt oder kritisiert zu werden? Wenn Sie wissen, woher Ihre Emotionen kommen, können Sie daran arbeiten, mit ihnen umzugehen, und einen Plan entwickeln, wie Sie sie in Zukunft besser kontrollieren können: Denken Sie also über Ihre Gefühle nach und machen Sie sie bekannt.

Zu den Achtsamkeitspraktiken gehören Techniken wie Meditation oder das Führen eines Tagebuchs. Diese Praktiken helfen uns, uns selbst besser zu verstehen: Indem wir unseren Gedanken und Gefühlen Aufmerksamkeit schenken, ohne sie zu bewerten, können wir uns bewusster machen, was in uns vorgeht. Eine Führungskraft, die Achtsamkeit praktiziert, bemerkt möglicherweise bestimmte Stressauslöser, wenn sie unter hohem Druck steht.

Kapitel 12

Neue Lebensgewohnheiten annehmen

Darauf zu achten, was Sie essen, kann Wunder für Ihre geistige Gesundheit bewirken

Die Ernährung ist für das geistige Wohlbefinden sehr wichtig. Eine gesunde Ernährung, die das Gehirn mit den notwendigen Nährstoffen versorgt und gleichzeitig zum Aufbau einer guten Darmflora beiträgt, kann ein natürlicher Ansatz sein, um Stimmungsschwankungen vorzubeugen und die kognitiven Funktionen sowie das Wohlbefinden zu verbessern. Es ist daher von entscheidender Bedeutung, dass wir auf unsere Ernährung achten und bewusst auswählen, was wir essen, um unsere geistige Gesundheit zu unterstützen.

Ernährung und Wohlbefinden : Der Zusammenhang zwischen guter Ernährung und geistigem Wohlbefinden darf nicht unterschätzt werden. Nehmen Sie zum Beispiel die Omega-3-Fettsäuren, die reichlich in Nüssen, Leinsamen und vor allem in fettem Fisch vorkommen. Studien haben bei ihrem Verzehr eine geringere Wahrscheinlichkeit von Depressionen in Verbindung mit einer besseren kognitiven Leistung gezeigt.

Eine gute Ernährung ist entscheidend für die Aufrechterhaltung einer guten körperlichen Gesundheit und um den Kopf über Wasser zu halten, wenn es um die geistige Gesundheit geht. Es ist ein integraler Bestandteil unseres Lebens und bleibt meist unbemerkt, aber was wir essen, wirkt sich direkt auf unsere psychische Verfassung aus. Stress, Angstzustände und Depressionen zu bekämpfen; unsere Stimmung und kognitiven Fähigkeiten zu verbessern - all das liegt in unserer Reichweite, wenn wir uns richtig ernähren. Darüber hinaus unterstreichen die Ergebnisse, dass diejenigen, die sich gesund ernähren, ein geringeres Risiko für psychische Erkrankungen haben als ihre Kollegen, die keine nährstoffreichen Mahlzeiten zu sich nehmen.

Es sich zur Aufgabe zu machen, regelmäßig körperlich aktiv zu sein, sollte ein wesentlicher Bestandteil Ihres Tagesablaufs sein. Es ist wichtig, dass Sie eine Aktivität finden, die Ihnen Spaß macht und Ihnen gleichzeitig die tägliche Praxis erleichtert. Anstatt sofort mit hochintensivem Training loszulegen, sollten

Sie mit kleinen Schritten beginnen, sich erreichbare Ziele setzen und Ihre Anstrengungen allmählich steigern, wobei Sie während des Prozesses Spaß haben sollten. Wenn Sie dafür sorgen, dass körperliche Aktivität auf jeden Fall zu Ihrer täglichen Routine gehört, können Sie alle Vorteile nutzen, die mit regelmäßiger Bewegung verbunden sind.

Die Verschmelzung von Bewegung und körperlicher Aktivität in Ihrem täglichen Speiseplan ist lebenswichtig, sowohl für Ihre körperliche Gesundheit als auch für das geistige Wohlbefinden. Die regelmäßige Teilnahme an körperlicher Aktivität trägt dazu bei, die Stimmung zu verbessern, das Stress- und Angstniveau zu senken sowie das Selbstvertrauen und das Selbstwertgefühl zu fördern. Sie trägt zu einem besseren körperlichen und psychischen Befinden bei. Dennoch kann es schwierig sein, die Zeit oder die Motivation für Sport zu finden, wenn Sie von Stress, Angst oder Depressionen übermannt werden; dennoch können kleine Anpassungen in Ihrem Tagesablauf den Weg für eine solche Einbeziehung ebnen.

Wege zu finden, Bewegung in Ihren Alltag zu integrieren, ist entscheidend, wenn Sie sich an eine Bewegungsroutine halten wollen. Wenn Sie Bewegung in Ihren Alltag integrieren, verwandeln Sie banale Momente in Gelegenheiten, sich zu bewegen und Ihr Wohlbefinden zu nähren.

Stress kann mit einer Reihe von Strategien bekämpft werden, und das geistige Wohlbefinden wird gefördert. Dazu gehören das Erlernen von Achtsamkeitsübungen, das Sicherstellen von ausreichend Schlaf, regelmäßige Bewegung, das Sicherstellen von Pausen bei Bedarf und das Nein-Sagen zu Dingen, die den Stresspegel noch weiter ansteigen lassen könnten. Es ist wichtig, dass jeder Einzelne herausfindet, was für ihn am besten ist, und diese Praktiken in seine tägliche Routine einbaut.

Ihre tägliche Routine kann dazu genutzt werden, Stress abzubauen und Ihre geistige Gesundheit zu verbessern, indem Sie Achtsamkeitspraktiken anwenden. Achtsamkeit ist einfach die Kunst, präsent zu sein - nicht nur im Körper, sondern auch im Geist und in der Seele - ohne Verurteilung oder Ablenkung, sondern mit Konzentration. Wenn Sie Achtsamkeit in Ihren Tagesablauf einbauen, arbeiten Sie daran, Ihre Konzentration zu verbessern: indem Sie den Lärm, der Ablenkung verursacht, zum Schweigen bringen, während Sie gleichzeitig Ängste niederdrücken und die Stimmung heben. Es gibt viele Möglichkeiten, Achtsamkeit in Ihren Tagesablauf einzubauen:

Meditation, Atemübungen, bewusste Bewegungen - die Liste ist lang.

Betrachten Sie die Illustration. Die Anwendung von Achtsamkeitspraktiken wie Meditation oder Yoga kann selbst an stürmischen Tagen für Ruhe und klare Sicht sorgen. Ausreichender Schlaf, eine nahrhafte Ernährung und regelmäßige körperliche Betätigung sind die Grundlagen für das allgemeine Wohlbefinden.

Pflegen Sie soziale Kontakte und scheuen Sie sich nicht, professionelle Hilfe in Anspruch zu nehmen.

Unterstützende soziale Bindungen zu finden ist ein wesentlicher Bestandteil der Stressbewältigung, etwas, das man im Hinterkopf behalten sollte. In Zeiten von Stress ist ein starkes Netzwerk aus Freunden und Familie sehr wichtig: Es geht um das geistige und emotionale Wohlbefinden. Soziale Bindungen geben uns ein Gefühl der Zugehörigkeit und Kameradschaft und stellen uns auch Ressourcen wie Ratschläge, Ermutigung oder Einfühlungsvermögen zur Verfügung, die wir vielleicht brauchen. Wir sollten uns daran erinnern, dass es verschiedene Formen gibt, andere um Hilfe zu bitten; das Teilen von Gefühlen über das, was während des Tages passiert ist, kann kathartisch wirken, während wir gleichzeitig Meinungen darüber einholen, wie wir uns am besten verhalten sollten; das kann Ihnen helfen, ähnliche Ereignisse später zu vermeiden. Die Kraft der sozialen Unterstützung sollte niemals ignoriert werden: Die Macht, die sie vermittelt, ist grenzenlos.

Ziehen Sie folgendes Szenario in Betracht: Einem vertrauten Freund persönliche Schwierigkeiten zu offenbaren, kann Trost und Unterstützung bieten. Oder sich für eine professionelle Beratung oder Therapie zu entscheiden, kann andererseits eine persönliche Begleitung durch komplexe Emotionen oder belastende Ereignisse bieten.

Die Unterstützung durch soziale Bindungen geht über den emotionalen Beistand hinaus und wird zu einer praktischen Hilfe bei der Stressbewältigung. Wenn wir mit Aufgaben überhäuft werden, können Freunde oder Familie uns unter die Arme greifen und konkrete Ansätze zur Bewältigung der Situation vorschlagen: Wenn Sie sich z. B. mit dem Gleichgewicht zwischen Arbeit und Hausarbeit überfordert fühlen, kann ein unterstützender Partner Ihnen anbieten, bestimmte Verantwortlichkeiten zu übernehmen oder Zeit zur Verfügung zu stellen.

Schritt	Beschreibung

Identifikation der aktuellen Gewohnheiten	Machen Sie sich Ihre derzeitigen Gewohnheiten bewusst und identifizieren Sie diejenigen, die Sie ändern oder verbessern möchten.
Setzen von Zielen	Setzen Sie klare, spezifische, messbare, erreichbare und zeitlich definierte Ziele (SMART) in Bezug auf Ihre neuen Gewohnheiten.
Planung von Aktionen	Erstellen Sie einen detaillierten Plan, was Sie tun müssen, um Ihre neuen Gewohnheiten einzuführen, und geben Sie dabei die einzelnen Schritte und die benötigten Ressourcen an.
Etablierung von Routine	Integrieren Sie Ihre neuen Gewohnheiten in Ihren Alltag, indem Sie sie in eine regelmäßige und kohärente Routine einbauen.
Entwicklung von Strategien zur Selbstkontrolle	Erkennen Sie mögliche Hindernisse bei der Einführung Ihrer neuen Gewohnheiten und entwickeln Sie Strategien, um diese zu überwinden, z. B. Stressbewältigung und Problemlösung.
Positive Verstärkung	Belohnen Sie Ihre Fortschritte und Erfolge bei der Einführung neuer Gewohnheiten, sei es durch greifbare Belohnungen oder positive Selbstbestätigungen.
Beobachtung und Bewertung	Überwachen Sie Ihren Fortschritt und bewerten Sie regelmäßig Ihre Bemühungen, sich Ihre neuen Gewohnheiten anzueignen, und passen Sie Ihren Plan ggf. an.
Überarbeitung und Anpassung	Regelmäßige Überprüfung Ihrer Ziele und Ihres Aktionsplans und Anpassung Ihrer Strategien an Ihre Ergebnisse und wechselnden Bedürfnisse.
Beharrlichkeit und Geduld	Seien Sie bei Ihren Bemühungen, neue Gewohnheiten anzunehmen, beharrlich und geduldig und erkennen Sie an, dass Veränderungen Zeit und Ausdauer erfordern können.
Soziale Unterstützung	Suchen Sie sich Unterstützung und Ermutigung aus Ihrem Umfeld, seien es Freunde, Familie oder Selbsthilfegruppen, die Ihnen bei Ihren Veränderungsbemühungen helfen.
Feier der Erfolge	Feiern Sie Ihre Erfolge und Meilensteine bei der Einführung Ihrer neuen Gewohnheiten, indem Sie Ihre Bemühungen und Fortschritte anerkennen und würdigen.

Programm über 30 Tage

Tag 1-5: Bewusstseinsbildung

- **Tag 1:** Beginnen Sie damit, ein Tagebuch über Ihre Gedanken während des Tages zu führen. Notieren Sie die Momente, in denen Sie sich dabei ertappen, dass Sie zu viel denken.

- **Tag 2-5:** Analysieren Sie Ihre täglichen Eingaben. Erkennen Sie wiederkehrende Denkmuster und Auslöser, die Sie dazu bringen, zu viel zu denken.

Tag 6-10: Techniken zur Bewältigung von Angstzuständen

- **Tag 6-7:** Lernen Sie Entspannungstechniken wie tiefes Atmen, Achtsamkeitsmeditation oder Yoga, um Ihren Geist zu beruhigen und Ängste abzubauen.

- **Tag 8-10: Wenden Sie** diese Techniken regelmäßig an. Ermitteln Sie, welche für Sie am besten funktionieren, und bauen Sie sie in Ihre tägliche Routine ein.

Tag 11-15: Achtsamkeitspraxis

- **Tag 11-13: Widmen Sie** jeden Tag einige Minuten der Achtsamkeitsmeditation. Konzentrieren Sie sich auf den gegenwärtigen Moment und beobachten Sie Ihre Gedanken, ohne sie zu bewerten.
- **Tag 14-15:** Praktizieren Sie Achtsamkeit bei Ihren täglichen Aktivitäten. Achten Sie auf jede Aufgabe, die Sie erledigen, und konzentrieren Sie sich dabei voll und ganz auf den gegenwärtigen Moment.

Tag 16-20: Umgang mit negativen Gedanken

- **Tag 16-18:** Identifizieren Sie negative Gedanken und einschränkende Überzeugungen, die Ihre Neigung, zu viel zu denken, nähren.

- **Tag 19-20:** Ersetzen Sie diese Gedanken durch positive und konstruktive Gedanken. Verwenden Sie positive Affirmationen, um sich selbst zu ermutigen und zu unterstützen.

Tag 21-25: Gleichgewicht des Lebens

- **Tag 21-23:** Beurteilen Sie Ihre Lebensbalance. Ermitteln Sie Bereiche, die mehr Aufmerksamkeit und Ausgeglichenheit erfordern, z. B. Arbeit, Beziehungen, Gesundheit, Hobbys usw.

- **Tag 24-25:** Setzen Sie sich Ziele, um Ihr Leben wieder ins Gleichgewicht zu bringen. Planen Sie Aktivitäten, die Ihnen in jedem Bereich Freude und Erfüllung bringen.

Tag 26-30: Praxis und Integration

- **Tag 26-28:** Üben Sie weiterhin die erlernten Techniken und beobachten Sie Ihre Gedanken. Denken Sie über Ihre Fortschritte und die verbleibenden Herausforderungen nach.
- **Tag 29-30:** Integrieren Sie die neuen Gewohnheiten in Ihr tägliches Leben. Seien Sie sich Ihrer Neigung, zu viel zu denken, bewusst, aber lassen Sie sich davon nicht beherrschen. Feiern Sie Ihre Erfolge und gehen Sie mit Zuversicht weiter.

QUIZZ

Beantworten Sie die folgenden Fragen, indem Sie die Option wählen, die am besten zu Ihrer aktuellen Situation passt:

Wie viel Zeit verbringen Sie normalerweise damit, vor dem Einschlafen über Probleme oder Sorgen nachzudenken?

a) Weniger als 10 Minuten

b) Zwischen 10 und 30 Minuten

c) Mehr als 30 Minuten.

Wenn Sie mit einer Herausforderung konfrontiert werden, wie reagieren Sie normalerweise?

a) Ich ergreife schnell Maßnahmen zur Lösung des Problems.

b) Ich denke viel nach, bevor ich entscheide, was ich tun soll.

c) Ich fühle mich von Gedanken und möglichen Szenarien überwältigt.

Wenn Sie sich mit jemandem unterhalten, werden Sie dann oft von Ihren eigenen Gedanken abgelenkt?

a) Selten bin ich bei Gesprächen aufmerksam.

b) Manchmal, vor allem, wenn das Gespräch komplex ist.

c) Oft schweifen meine Gedanken ab und ich kämpfe darum, konzentriert zu bleiben.

Wie viel Zeit verbringen Sie jeden Tag damit, über vergangene Ereignisse oder zukünftige Situationen nachzudenken?

a) Weniger als eine Stunde

b) Zwischen einer und zwei Stunden

c) Mehr als zwei Stunden.

Wie fühlen Sie sich normalerweise, nachdem Sie Zeit damit verbracht haben, über Probleme oder Sorgen nachzudenken?

a) Erleichtert und bereit, weiterzumachen.

b) Etwas müde, aber mit einem Gefühl der Klarheit.

c) Müde, gestresst oder ängstlich.

Kommt es vor, dass Sie negative Gedanken oder Katastrophenszenarien wieder und wieder durchleben?

a) Selten versuche ich, positiv zu bleiben.

b) Manchmal, vor allem wenn ich gestresst oder verärgert bin.

c) Ja, oft, auch wenn alles gut läuft.

Wie schwer fällt es Ihnen, sich auf eine Aufgabe zu konzentrieren, ohne von Ihren Gedanken abgelenkt zu werden?

a) Überhaupt nicht schwierig, ich kann mich leicht konzentrieren.

b) Manchmal schwierig, vor allem, wenn die Aufgabe langweilig oder schwierig ist.

c) Sehr schwierig, meine Gedanken schweifen ständig ab und es fällt mir schwer, konzentriert zu bleiben.

Ergebnisse :

Mehrheit der Antworten a) : Sie scheinen eine gute Kontrolle über Ihre Gedanken und Ihren Geist zu haben. Kultivieren Sie weiterhin dieses Bewusstsein und die Fähigkeit, sich auf den gegenwärtigen Moment zu konzentrieren.

Mehrheit der Antworten b): Manchmal neigen Sie vielleicht dazu, zu viel zu denken, vor allem, wenn Sie mit Herausforderungen oder stressigen Situationen konfrontiert sind. Praktizieren Sie Stressbewältigungs- und Achtsamkeitstechniken, die Ihnen helfen, Ihr geistiges Gleichgewicht zu bewahren.

Mehrheit der Antworten c): Es scheint, dass Sie dazu neigen, zu viel zu denken, und dass dies Auswirkungen auf Ihr geistiges

Wohlbefinden haben könnte. Suchen Sie nach Möglichkeiten, sich zu entspannen und Ihren Geist zu beruhigen, und ziehen Sie ggf. in Betracht, eine Fachkraft für psychische Gesundheit aufzusuchen.

Schlussfolgerung

Zusammenfassend lässt sich sagen, dass das Erlernen des Umgangs mit unseren Gedanken eine kontinuierliche Reise zu geistigem und emotionalem Wohlbefinden ist. In diesem Buch haben wir verschiedene Strategien und Techniken erforscht, um mit dem vielen Denken aufzuhören und inneren Frieden zu finden. Von der Bewusstwerdung unserer Denkmuster bis hin zur Einführung neuer Lebensgewohnheiten - jeder Schritt in diesem Prozess bringt uns dem angestrebten seelischen Gleichgewicht ein Stück näher.

Es ist wichtig, sich daran zu erinnern, dass Veränderungen nicht über Nacht geschehen. Es ist ein allmählicher Prozess, der Geduld, Ausdauer und Engagement für sich selbst erfordert. Wenn wir die Techniken aus diesem Buch regelmäßig in unseren Alltag integrieren, können wir damit beginnen, Stress, Angst und geistige Unruhe zu reduzieren, die uns daran hindern, voll und ganz im gegenwärtigen Moment zu leben.

Denken Sie daran, dass Sie auf dieser Reise nicht allein sind. Holen Sie sich bei Bedarf Unterstützung von Angehörigen, Selbsthilfegruppen oder psychosozialen Fachkräften. Wenn wir zusammenarbeiten, können wir die Herausforderungen der

Überforderung bewältigen und einen ruhigeren, klareren und erfüllenderen Geisteszustand kultivieren.

Ich möchte Sie ermutigen, dieses Buch als praktische Anleitung zu nehmen, um Ihre Beziehung zu Ihren Gedanken umzugestalten und eine neue Perspektive auf das Leben zu entdecken. Möge jede Seite eine Einladung zur Selbstreflexion, zum persönlichen Wachstum und zum inneren Frieden sein.

Danke, dass Sie mich auf dieser Reise zu einem ausgeglicheneren Denken und einem erfüllteren Leben begleitet haben. Mögen wir alle die Gelassenheit finden, nach der wir suchen, und jeden Moment mit Dankbarkeit und Akzeptanz umarmen.

Wie fanden Sie es?

Ihre Rezension über das Buch auf Amazon zu hinterlassen, auch wenn sie nur kurz ist, hilft uns sehr.

Auch wenn es also nur ein paar Worte sind, wäre ich Ihnen äußerst dankbar, wenn Sie mir Ihre Empfindungen in einem Kommentar hinterlassen würden.

Scannen Sie dazu den untenstehenden QR-Code oder loggen Sie sich in Ihr Amazon-Konto ein, klicken Sie auf Bestellungen, finden Sie dieses Buch und klicken Sie schließlich auf die Schaltfläche Rezension schreiben.

Danksagung

Ich möchte meine Dankbarkeit gegenüber den Personen zum Ausdruck bringen, die die Erstellung dieses Buches ermöglicht haben.

Ich danke auch meinen Freunden, die eine wichtige Inspirationsquelle in Bezug auf die Probleme waren, mit denen ich im Alltag konfrontiert war. Der Austausch unserer Erfahrungen war aus persönlicher Sicht sehr bereichernd.

Vielen Dank an die Leser, in der Hoffnung, dass dieses Buch Ihnen den Schlüssel dazu geben kann, mit dem vielen Denken aufzuhören.

Copyright